KLARTEXT

Bildnachweis:
IMAGO/ArthurxGrimm: S. 14; IMAGO/teutopress: S. 51; IMAGO/Topfoto: S. 28; IMAGO/United Archives: S. 26; IMAGO/xPedroxFiuzax: S. 20; IMAGO/ZUMA/Keystone: S. 37; © Lukas Heinser: S. 4/5, 63, 102/103, 104; picture-alliance: S. 56; picture-alliance/dpa/DB pool: S. 73; picture-alliance/dpa/dpaweb/Ulrich Perrey: S. 80; picture-alliance/dpa/Ducklau: S. 24; picture-alliance/dpa/Europa Press: S. 29; picture-alliance/dpa/Georg Wendt: S. 7; picture-alliance/dpa/Heinz Wieseler: S. 38; picture-alliance/dpa/Ingo Wagner: S. 66/67; picture-alliance/dpa/Jörg Carstensen: S. 85, 87, 106, 108; picture-alliance/dpa/Katja Lenz pool: S. 45; picture-alliance/dpa/Lehtikuva: S. 32, 48, 50, 53; picture-alliance/dpa/Lehtikuva Heikki Saukkomaa: S. 77; picture-alliance/dpa/Michael Vastag: S. 98; picture-alliance/dpa/NDR: S. 99; picture-alliance/dpa/PA Jones: S. 65; picture-alliance/dpa/Pressensbild Sica: S. 58; picture-alliance/dpa/Publifoto: S. 19; picture alliance/dpa/RIA Nowosti/I. Rwbakov: S. 55; picture-alliance/dpa/UPI: S. 22, 112; picture-alliance/dpa/Ursula Düren: S. 101; picture-alliance/Everett Collection/© Netflix: S. 111; picture-alliance/Geisler-Fotopress/gbrci: S. 68; picture-alliance/Pacific Press/Aleksandr Gusev: S. 119; picture-alliance/PictureLux/The Hollywood Archive/Cinema Legacy Collection: S. 43; picture-alliance/PYMCA/Photoshot/Gonzales Photo/Christian Hjorth: S. 82/83, 89; picture-alliance/REUTERS/Piroschka Van De Wouw: S. 114; picture-alliance/REUTERS/TT NEWS AGENCY: S. 35; picture-alliance/Scanpix Denmark/Bax Lindhardt: S. 41; picture-alliance/TT NEWS AGENCY/Olle Lindeborg/Pressens Bild: S. 44; picture-alliance /ullstein bild/RDB: S. 11, 23. 25; picture-alliance/ullstein bild/Sobli: S. 8; picture-alliance/United Archives/kpa/Grimm: S. 31; picture-alliance/United Archives/Roba Archiv: S. 79; picture-alliance/United Archives/Schweigmann: S. 46; picture-alliance/ZB/Sascha Steinach: S. 12

Bibliografische Information der Deutschen Nationalbibliothek
Die Deutsche Nationalbibliothek verzeichnet diese Publikation in der Deutschen Nationalbibliografie; detaillierte bibliografische Daten sind im Internet über portal.dnb.de abrufbar.

Impressum
1. Auflage Februar 2022
Layout und Satz: Birgit Lonsdorfer, Essen
Umschlaggestaltung: Guido Klütsch, Köln
Lektorat/Redaktion: Kirsten Düspohl, Hamburg
Umschlagabbildungen: Adobe Stock: © grgroup (Australien), © moonrun (12); Imago Images: DeFodi (Lena), Eibner Europa (Maneskin); Ullstein Bild (Sandie Shaw)
Autorenfoto Umschlagklappe: Dominik Führ
Druck und Bindung: Linsen Druckcenter GmbH, Siemensstraße 12–14, 47533 Kleve

ISBN 978-3-8375-2401-7

KLARTEXT

Jakob Funke Medien Beteiligungs GmbH & Co. KG
Jakob-Funke-Platz 1, 45127 Essen
info.klartext@funkemedien.de
www.klartext-verlag.de

Lukas Heinser

Eurovision Song Contest

Populäre Irrtümer
und andere Wahrheiten

Inhalt

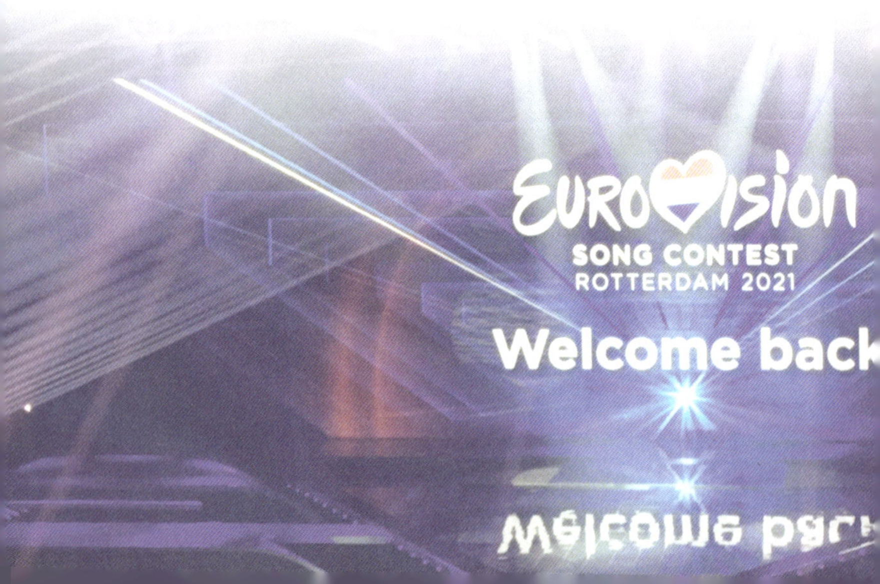

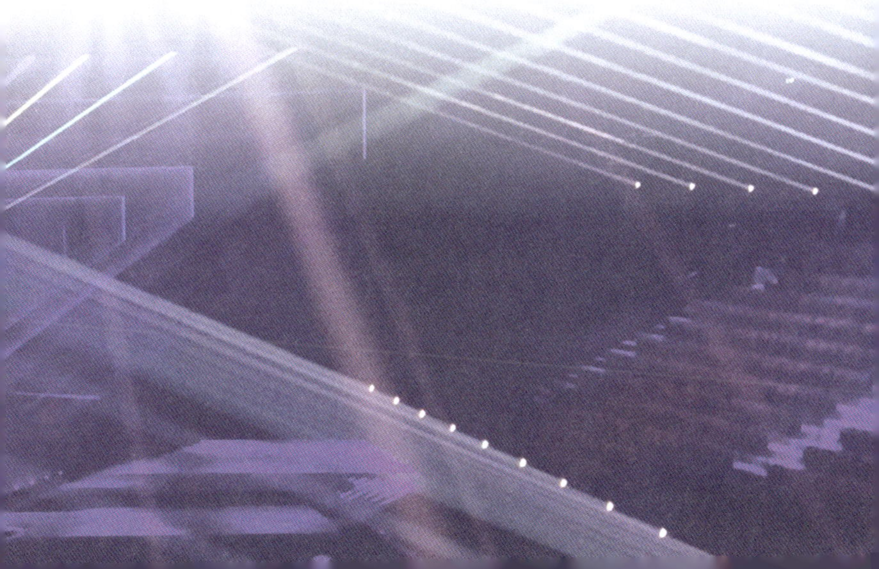

Zum Geleit

Es gibt wenige Tage im Jahr, die wir traditionell zelebrieren und feiern, Festtage eben: Weihnachten, Silvester, Karneval, Ostern, Geburtstage – und an einem Samstag im Mai den Eurovision Song Contest. Da treffen sich Familien, Freunde, Fans und Feierbiester in Wohnzimmern, auf Partys und Public Viewings, um gemeinsam zu bangen, lachen, lästern, wundern oder ganz einfach Spaß zu haben an einer bunten Palette Pop aus über 40 Ländern, an Glamour und Kitsch, schrillen Outfits, originellen Ideen und gnadenlosen Klischees, an spektakulären Auftritten und packenden Inszenierungen, an spannenden Abstimmungen, bitteren Enttäuschungen und sensationellen Triumphen. Allein in Deutschland erleben bis zu 20 Millionen diese europäischen Musikwettspiele, insgesamt schauen fast 200 Millionen dem größten TV-Musik-Event der Welt zu. Seit über 65 Jahren gibt es den Eurovision Song Contest, in den 50ern war er ein beschaulicher, versöhnungsstiftender Chanson- und Schlagerabend, ab den 60ern spiegelte er immer stärker den Wandel der europäischen Musikszene, da hörte man Pop, Disco, Folk, Ethno, Rock, Dance und R&B-Einflüsse neben der unverwüstlichen mehr oder weniger dramatischen Euro-Ballade.

In den 2000er Jahren ist die Zahl der teilnehmenden Länder stark angestiegen, das Publikum ist nicht nur zahlreicher, sondern jünger geworden, Musik und Präsentation sind heute aktueller und vielfältiger – man schaue sich nur das eindrucksvolle Finalergebnis von Rotterdam 2021 an, weit und breit kein altbackenes ESC-Klischee auf den vorderen Rängen.

Seit 1997 darf ich diese schillernde Show im deutschen Fernsehen kommentieren, seit 2013 sitzt Lukas Heinser neben mir in der Sprecherkabine und unterstützt mich mit seinen fundier-

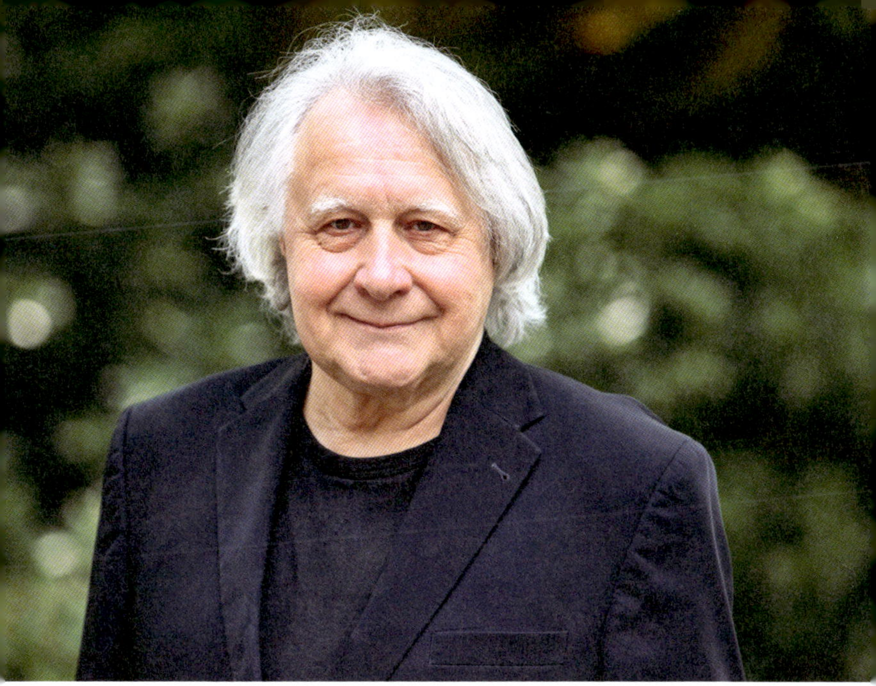

ten, gründlich und blitzschnell recherchierten, schlagfertigen Ratschlägen – und er kann sehr gut rechnen, was für den Kommentator bei dem komplizierten Voting-Verfahren eine große Hilfe ist! Lukas ist ESC-Fan und Fachmann, der skurrile Trickkleider, gewagte Choreos, abwegige Tonartwechsel oder ausgelatschte Refrains aus der ESC-Geschichte zitieren kann, der sich aber eine kritische und entspannte Sicht bewahrt hat. Denn, ob man will oder nicht, der Eurovision Song Contest ist noch immer eine TV-Unterhaltungsshow, wenn auch die größte der Welt. Daher ist Lukas der perfekte Autor, wenn es darum geht, ungewöhnliche Fakten rund um den ESC auszugraben und verbreitete Irrtümer (und da gibt es viele) zurechtzurücken. Dieser Band ist Pflichtlektüre bei der Vorbereitung auf den nächsten Song Contest, dafür 12 points! Den Käseigel (auch so ein klischeebeladener Irrtum) auf den Tisch, dazu ein Getränk Eurer Wahl und viel Spaß beim Lesen ...

Peter Urban

Der Grand Prix heißt jetzt Song Contest

Immer wieder hört man, auch in den Medien, diese fröhliche Gesangsveranstaltung im Mai werde ja „inzwischen" als „Eurovision Song Contest" bezeichnet und habe „früher noch Grand Prix" geheißen. Das ist teilrichtig, nämlich falsch. Tatsächlich hat die Europäische Rundfunkunion EBU die Veranstaltung in ihren Dokumenten von Anfang an als „Eurovision Song Contest Grand Prix" bezeichnet – was ja auf charmante Art gleich beides beinhaltet – bzw. wegen der Zweisprachigkeit der Rundfunkunion auch als „Grand Prix Eurovision de la Chanson Européene".

Da das jeweils gastgebende Land aber auch noch eine Sprache mitzureden hatte (oder im Falle der Schweiz: vier), wurde es schon bei der Premiere 1956 kompliziert: Sie fand in Lugano in der Schweiz statt, im italienischsprachigen Kanton Tessin, und hieß entsprechend „Gran Premio Eurovisione della Canzone Europea".

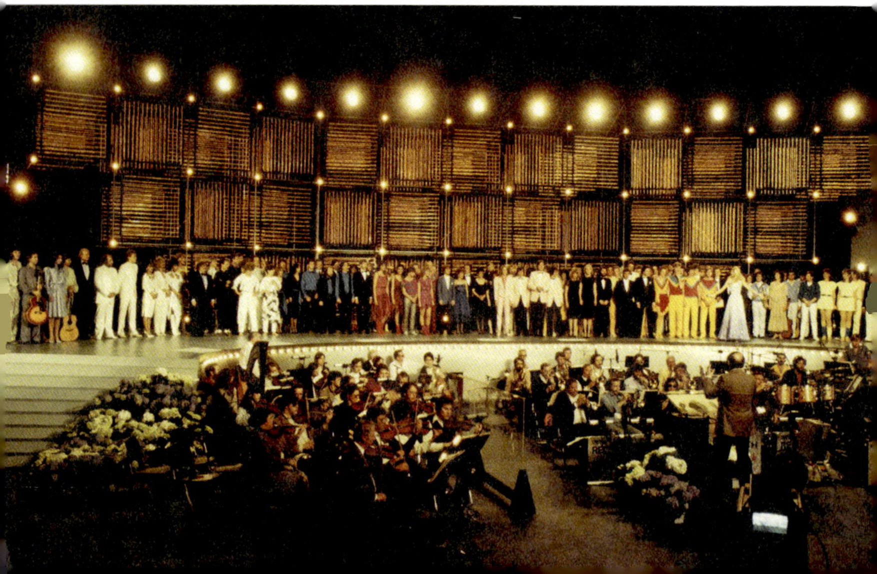

Wenn Kulturpessimismus, Verklärung und Rotwein im passenden Mischungsverhältnis stehen, kommt gerne die Behauptung, die Show habe ja „früher" oder „eigentlich", jedenfalls: lange, „Grand Prix de la Chanson" geheißen. So wurde sie tatsächlich exakt ein Mal bezeichnet, nämlich 1967 in Wien (Udo Jürgens hatte im Vorjahr mit „Merci, Chérie" schon erfolgreich so getan, als sei Französisch eine Amtssprache in Österreich). Genau nie gab es einen „Grand Prix d'Eurovision".

Nach 1967 hieß der Song Contest offiziell tatsächlich nie mehr „Grand Prix": Wenn französischsprachige Länder wie Frankreich, Luxemburg, Belgien und die Schweiz den Wettbewerb gewannen und entsprechend ausrichten durften, taten sie dies stets als „Concours Eurovision de la Chanson". Bis einschließlich 2003 wurde die Trophäe, die am Ende der Show überreicht wird, von der EBU noch als „Grand Prix" bezeichnet, seitdem taucht diese Bezeichnung in den offiziellen Dokumenten gar nicht mehr auf.

Warum gerade in Deutschland so viele Menschen auf der französischsprachigen Version beharren, ist einigermaßen rätselhaft, drückt aber vielleicht eine Sehnsucht nach Distinktion (ein „Chanson" muss ja höherwertig sein als ein „Song") und Nostalgie aus. 1957 fand in Frankfurt am Main der zweite ESC statt, offiziell als „Großer Preis der Eurovision". 1983, nach Nicoles Sieg im Vorjahr, stand im Vorspann der Show aus München eindeutig „Eurovision Song Contest".

In jedem Fall falsch ist die Bezeichnung „European Song Contest", auch wenn zahlreiche Medien sie mit an Bösartigkeit grenzendem Desinteresse jedes Jahr aufs Neue wiederholen.

Die Teilnehmer*innen des Eurovision Song Contest in München 1983

Die EBU

Anfang Februar 1950, also noch vor Gründung der Montanunion oder der Europäischen Wirtschaftsgemeinschaft, aus der später die EU entstand, traf sich eine größere Gruppe von Herren in Anzügen im Imperial Hotel im südenglischen Torquay, um das erste Treffen der European Broadcasting Union abzuhalten. Die Organisation sollte sich um die grenzübergreifende Koordination eines noch sehr, sehr jungen Mediums kümmern: des Fernsehens.

Das Adjektiv „europäisch", das auch heute noch verlässlich in jeder ansonsten gemütlichen ESC-Runde semantisch ausgependelt werden muss, wurde schon damals eher locker gesehen: Neben Rundfunkanstalten aus Belgien, Dänemark, Finnland, Frankreich, Irland, Italien, Luxemburg, Monaco, den Niederlanden, Norwegen, Portugal, Schweden, der Schweiz (die sich aus internationalen Organisationen sonst lieber raushielt), Jugoslawien, dem Vereinigten Königreich und dem Vatikan waren welche aus dem Libanon, Marokko (das 1980 dann tatsächlich einmalig am ESC teilnahm), Syrien, Tunesien, der Türkei und Israel dabei.

Ihr Vorgänger, die Union Internationale de Radiophonie (UIR), war gescheitert beim Versuch, durch einheitliche technische Rahmenbedingungen (Bildzeilen, Frequenzen – man kennt das ja) und einen Programmaustausch für Völkerverständigung und Frieden in der Welt zu sorgen. Das sollte der EBU jetzt nicht wieder passieren.

Sendeanstalten aus Deutschland und Österreich sollten erst mal nicht mitmachen: Nachdem die Nationalsozialisten die ersten Rundfunkübertragungen zur Propaganda genutzt hatten, verboten die Alliierten nach dem 2. Weltkrieg zunächst alle Radio- und Fernsehprogramme. Sie wollten sichergehen, dass das neue Medium nicht wieder missbraucht wird. Nur wenige Monate nach der

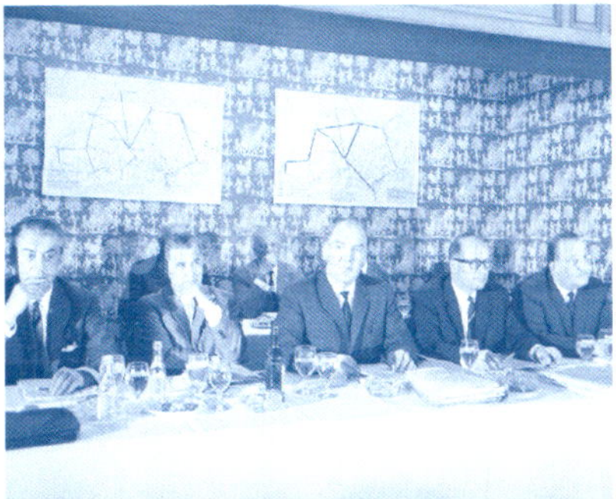

EBU wurde aber schon mal die „Arbeitsgemeinschaft der öffentlich-rechtlichen Rundfunkanstalten der Bundesrepublik Deutschland“ ins Leben gerufen, die der Rundfunkunion 1952 beitrat und die auch heute noch unter ihrem ungleich knackigeren Namen ARD bekannt ist und die ESC-Sendungen überträgt.

Dass nicht Nationen, sondern Rundfunkanstalten Mitglieder der Organisation werden sollten, hatte zum einen politische Gründe, sorgt zum anderen auch dafür, dass mit dem ZDF 1963 ein weiterer deutscher Sender beitreten konnte.

Nach einigen französisch-britischen Tests fand die erste wirklich internationale Fernsehübertragung am 2. Juni 1953 anlässlich der Krönung von Queen Elizabeth II statt. Als offiziell erste EBU-Übertragung gilt allerdings das Narzissenfest von Montreux im Jahr darauf, eine Art Karneval im Sommer mit blumengeschmückten Wagen, Blaskapellen, Jodeln und Gesang. Menschen, denen das zu wild war, konnten bei der folgenden, eineinhalbstündigen Führung durch den Vatikan runterfahren, die mit einer Predigt von Papst Pius XII. in lateinischer Sprache über die Verheißungen und Gefahren des Fernsehens endete, ehe der sich mit dem Gruß „Urbi et orbi“ an den damals sechsjährigen späteren ESC-Kommentator Peter Urban wandte. Zu den Sendungen im „Sommer des europäischen Fernsehaustauschs“ gehörten auch Spiele der Fußballweltmeisterschaft in der Schweiz, wobei die legendäre Reportage von Herbert Zimmermann („Aus dem Hintergrund müsste Rahn schießen ...") im Radio ausgestrahlt wurde. In Westdeutschland hatten zu dieser Zeit weniger als 5 % der Bevölkerung einen Zugang zu einem Fernsehgerät.

Seit Gründung der EBU sind ihre Amtssprachen Englisch und Französisch, weswegen die Punktevergabe bis heute bei jedem Song Contest etwas umständlich in diesen zwei Sprachen abgehalten wird. Den Begriff „Eurovision" prägte übrigens der englische Journalist George Campey in einem Artikel im Londoner „Evening Standard".

Die Eurovisionsfanfare, das Te Deum in D-Dur von Marc-Antoine Charpentier, erklingt aber nicht nur beim Song Contest: Viele werden sie noch aus Unterhaltungssendungen wie „Wetten, dass..?", „Einer wird gewinnen" oder „Spiel ohne Grenzen" kennen. Und auch wenn Eduard Zimmermann, Peter Nidetzky in Wien und Konrad Toenz in Zürich bei „Aktenzeichen XY ... ungelöst" nach Hinweisen auf ungeklärte Straftaten suchten, taten sie dies im Rahmen einer Eurovisions-Übertragung.

Die Familie von Eurovision-Events umfasst inzwischen den Junior ESC, Eurovision Young Musicians, Eurovision Young Dancers und den kurzlebigen Eurovision Dance Contest. Dabei läuft alles digital und über Satellit, aber auch dort erarbeitet die EBU rund 70 Jahre nach ihrer Gründung noch Standards (die EBU-Empfehlung R 128, z. B., regelt u. a. die Lautstärke von Fernsehwerbung) und koordiniert den Austausch von Nachrichtenbildern, Sportübertragungen und anderen Großereignissen.

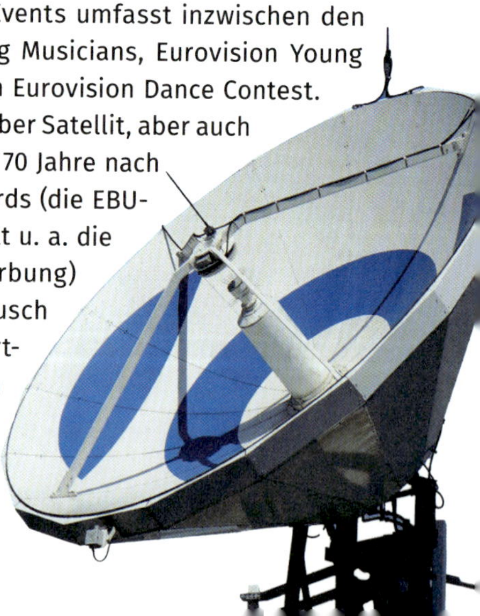

Marcel Bezençon, der „Vater“ des ESC

Die Idee ist ja gleichermaßen naheliegend wie bescheuert: Man lässt mehrere Nationen mit Liedern gegeneinander antreten, danach werden Punkte zwischen den Ländern hin- und hergeschoben und am Ende hat irgendjemand gewonnen. Aber wer war der Mann, der auf diese Idee kam?

Fragt man die EBU, gibt es einen klaren „Vater“ des ESC: Er hieß Marcel Bezençon, wurde 1907 in Orbe in der Schweiz geboren und war von 1950 bis 1972 Generaldirektor bei der Schweizerischen Radio- und Fernsehgesellschaft. Unter seiner Leitung wurde 1953 ein offizieller Fernsehbetrieb eingeführt und im Folgejahr wurde er Vorsitzender der Programmkommission der EBU.

Bezençon glaubte an die Idee eines europaweiten Programmaustauschs: Das Publikum könne dort die viel diskutierte Idee einer Europäischen Union mit eigenen Augen sehen. Als die EBU 1955 nach Programmideen suchte, die im gesamten Einzugsbereich funktionieren könnten, präsentierte er deshalb die Idee eines länderübergreifenden Musikwettbewerbs. Je nach Quelle war diesem Vorschlag offensives Werben der italienischen RAI vorausgegangen: Was seit 1951 beim Festival des italienischen Liedes in Sanremo funktionierte, sollte doch auch in einem größeren Zusammenhang gelingen – und Europa hätte etwas, das man dem US-Kulturimperialismus in Form von Rock ’n’ Roll und Coca-Cola entgegensetzen könnte: ein Hochamt des anspruchsvollen Liedguts.

Zu Bezençons Ehren wird beim ESC seit 2002 jährlich in drei Kategorien der Marcel-Bezençon-Award vergeben: Journalist*innen, Kommentator*innen und Komponist*innen vor Ort wählen vor dem Finale den besten Song, die beste künstlerische Leistung und die beste Komposition – und weichen dabei auffallend oft vom späteren Final-Voting ab.

1956: Premiere in Lugano

Die Veranstaltung im Teatro Kursaal im schweizerischen Lugano, die als erster ESC in die Geschichtsbücher eingehen sollte, hatte überraschend wenig mit dem zu tun, was wir seit vielen Jahrzehnten als Song Contest kennen.

Der 24. Mai 1956 war ein Donnerstag. Moderator Lohengrin Filipello, der den ganzen Abend auf Italienisch bestritt, sollte bis 1979 der einzige Mann bleiben, der durch einen ESC-Abend führte. Weil kaum ein Haushalt einen Fernseher besaß, lief die etwas hüftsteife Show eher als Radiosendung mit anwesenden TV-Kameras ab.

Es traten nur sieben Länder an, von denen dafür jedes zwei Lieder ins Rennen schickte. Erlaubt waren nur Einzelpersonen, wobei die spätere Siegerin Lys Assia beide Schweizer Songs vortrug und die Bundesrepublik als einziges Land im Starterfeld auf zwei Männer setzte.

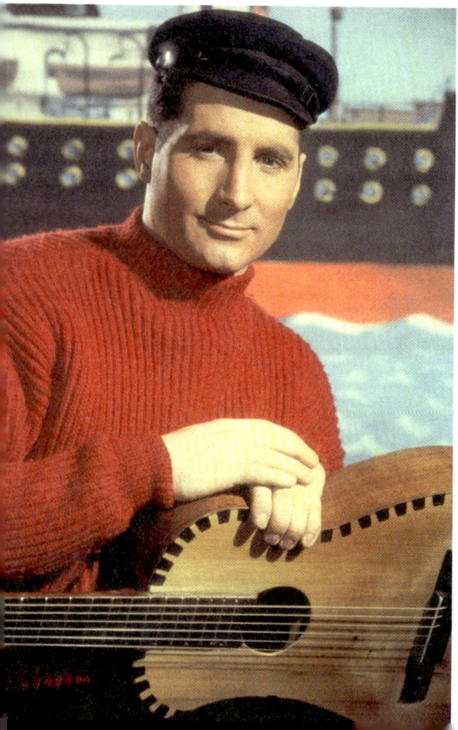

Einer der ersten beiden Sänger, die Deutschland beim ESC vertraten, war ein Österreicher: Freddy Quinn.

Freddy Quinn, der als Österreicher direkt der erste Gastarbeiter war, der für Deutschland beim ESC antrat, sang an Startnummer 11 „So geht das jede Nacht“, einen Schlager, dem man heute „Slutshaming“ anlasten würde: Das Lyrische Ich wirft der Angebeteten vor, jeden Tag mit einem anderen Herrn auszugehen. Die Single war kein großer Erfolg, was Quinns folgender Karriere jedoch keinen Abbruch tat (zehn Nummer-eins-Hits, rund 60 Millionen verkaufte Schallplatten, niemand stand insgesamt länger an der Spitze der deutschen Single-Charts als er).

Deutlich interessanter ist da der allererste deutsche ESC-Beitrag des weitgehend vergessenen Walter Andreas Schwarz. „Im Wartesaal zum großen Glück“ behandelt, nur notdürftig kaschiert, die Verdrängung der NS-Vergangenheit: „Und man baute am Kai der Vergangenheit / Einen Saal mit Blick auf das Meer / Und mit Wänden aus Träumen gegen die Wirklichkeit / Denn die liebte man nicht sehr“. Schwarz, aus seiner Familie der einzige Überlebende des Konzentrationslagers Holzen in Niedersachsen, hatte das Lied selbst geschrieben – und eigentlich war die Geschichte vom „unpolitischen“ ESC schon da, bei Startnummer 4, widerlegt.

Die Jurys saßen, anders als in der Folgezeit, damals noch im Saal und bestanden pro Land aus zwei Personen, die ihre Stimmen geheim abgaben und auch für ihr eigenes Land votieren durften. Luxemburg hatte aus Kostengründen darauf verzichtet, eine eigene Jury nach Lugano zu schicken, und die Schweiz um Amtshilfe gebeten – was möglicherweise schwerwiegende Auswirkungen auf das Gesamtergebnis hatte, denn es gewann die Schweizerin Lys Assia mit ihrem Lied „Refrain“. Die weiteren Platzierungen wurden nie bekannt gegeben.

Lys Assia und der ESC sollten einander zeitlebens nicht mehr loslassen: In den beiden Folgejahren trat sie erneut für die Schweiz an, 2009 überreichte sie in Moskau die Trophäe an Alexander Rybak und noch 2012, mit 88 Jahren, nahm sie am Schweizer Vorentscheid teil. Bis zuletzt war sie oft am Finalabend vor Ort und wurde von den Moderator*innen begrüßt, wenn es wegen eines längeren Umbaus Sendezeit zu schinden galt. Lys Assia starb im März 2018, drei Wochen nach ihrem 94. Geburtstag.

AHA!

Regelkunde

Jeder Wettkampf braucht seine Regeln und so ist auch die Geschichte des ESC eine von Verboten und Geboten, von denen einige von Anfang an bestanden, andere nur zwischendurch und wieder andere ganz neu sind.

Nationen: Teilnahmeberechtigt sind nur Nationen (bzw. deren Sender), die offizielle oder assoziierte Mitglieder der EBU sind. Was vielleicht überrascht: Die Nationalität von Sänger*innen oder Gruppen spielte von Anfang an nur eine untergeordnete Rolle – so konnte der Österreicher Freddy Quinn bereits beim ersten Song Contest 1956 für Deutschland singen. Wichtig ist nur: Ein Act kann pro Jahr nur für ein Land antreten.

Timing: Laut aktuell gültigem Reglement soll der Song Contest im Mai stattfinden und zwar mit zwei Halbfinals am Dienstag bzw. Donnerstag und einem Grand Final am Samstag um 19 Uhr Greenwich Mean Time, also 21 Uhr Mitteleuropäischer Sommerzeit – was dazu führt, dass der Song Contest 2018 in Lissabon um 20 Uhr Ortszeit begann, der in Tel Aviv 2019 um 22 Uhr und der 2012 im aserbaidschanischen Baku sogar erst um Mitternacht.

Songlänge: Die Lieder dürfen auf keinen Fall länger als drei Minuten sein. Das sorgt zum einen für Fairness, hat aber auch ganz praktische Gründe, denn im heutigen Format, bei dem im Finale meist 26 Songs gesungen werden, dauert die Sendung eh schon mindestens dreieinhalb Stunden. Die strikte Vorschrift wurde eingeführt, nachdem der Italiener Nunzio Gallo und sein Gitarrist 1957 ihr „Corde della mia chitarra" mit einem langgezogenen Intro auf quälende 5:09 ausgedehnt hatten.

Songs: Alle Songs müssen Originale, also keine Coverversionen, sein und dürfen nicht vor dem 1. September des Vorjahres veröffentlicht worden sein.

Politik: In den Liedern, den Performances und den Auftritten am Rande des ESC sind „keine Texte, Reden und Gesten politischer, kommerzieller oder ähnlicher Art“ erlaubt, wie die EBU schreibt. So wurde z. B. der georgische Beitrag 2009, „We Don't Wanna Put In“, abgelehnt, weil er als politische Botschaft gegen den russischen Präsidenten verstanden werden konnte (und aus georgischer Sicht auch sollte). 2021 wurde der belarussische Beitrag disqualifiziert, weil sein Text die Opposition im Land verhöhnte.

Werbung: Dass keine Markennamen genannt werden dürfen, bekam der schwedische Beitrag 1987 zu spüren, der nach erheblichen Textänderungen von „Fyra Bugg och en Coca-Cola“ in „Boogaloo“ umbenannt wurde. Ralph Siegels Komposition für San Marino 2012 erlangte entsprechend nicht als „Facebook Uh, Oh, Oh (A Satirical Song)“ sondern als „The Social Network Song (OH OH - Uh - OH OH)“ traurige Berühmtheit.

Interpret*innen: Zu Beginn des Wettbewerbs durften nur Einzelkünstler*innen oder Duos antreten. Erst 1971 wurden Bands zugelassen, was Siege wie die von ABBA (Schweden, 1974), Teach-In (Niederlande, 1975) und Brotherhood Of Man (Vereinigtes Königreich, 1976) erst möglich machte. Mehr als sechs Personen dürfen es aber nicht sein, wobei diese Regel mit Hilfe von Kostümwechseln, Schaufensterpuppen und Videotricks, die die Illusion größerer Gruppen erzeugen sollen, immer wieder ausgereizt wird.

Alter: Wer am Song Contest teilnimmt, muss am Tag des Auftritts mindestens 16 Jahre alt sein (für jüngere Talente von neun bis 14 Jahren gibt es seit 2003 den „Junior ESC“). Diese Regel steht auch im Zusammenhang mit dem Sieg der Belgierin Sandra Kim 1986: Obwohl sie im Text ihres Liedes „J'aime la vie“ behauptete, 15 zu sein, stellte sich bald heraus, dass sie erst 13 war. Die Schweiz protestierte, doch Kim durfte trotzdem starten – und gewann. Nachdem Frankreich 1989 sogar eine Elfjährige ins Rennen geschickt hatte, führte die EBU im Folgejahr eine untere Altersgrenze von 16 Jahren ein und zementierte damit Sandra Kims Rekord als jüngste Eurovisions-Siegerin überhaupt.

Tiere: Weil Tiere (wie Kinder) immer ziehen, sind sie auf der ESC-Bühne verboten. Es gab aber immer wieder Versuche, das Verbot mit billigen Theatertricks zu umgehen: Schon 1959 unterstrich das britische Ehepaar Pearl Carr & Teddy Johnson seinen Song „Sing, Little Birdie" mit einer kleinen Vogel-Handpuppe. Was damals noch zum 2. Platz reichte, ging 2008 gründlich schief: Dustin the Turkey, eine Truthahn-Handpuppe, die für Irland mit dem hoffnungsvollen Titel „Irelande Douze Pointe" ins Rennen ging, scheiterte schon im Halbfinale. 2017 halfen weder ein Mann in einem Gorilla-Kostüm (Italien, Platz 6) noch ein Mensch mit Pferdekopf (Aserbaidschan, Platz 14) ihren Songs wirklich weiter.

Live: Anfangs hatten die Lieder vollständig live aufgeführt zu sein, wofür ein Orchester, dessen Größe durch weitere Vorschriften bestimmt wurde, zur Verfügung stand. Im Laufe der Zeit durften dann erst einzelne, später alle Instrumente vom Band (das später eine Festplatte war) kommen, bis das Orchester 1999 komplett gestrichen wurde. Lange Zeit galt aber weiter die Regel, dass wenigstens alle menschlichen Stimmen live sein mussten – und zwar auf dem sichtbaren Teil der Bühne. Das führte dazu, dass man häufig am Bühnenrand, unbeleuchtet von den Scheinwerfern, Menschen stehen sah, die sich ihren großen Auftritt am ESC-Mikrofon vielleicht auch ein bisschen anders vorgestellt hatten. 2021 wollte die EBU den Delegationen in der Corona-Pandemie entgegenkommen und erlaubte erstmals Chor- und Backgroundgesang vom Band, damit die Reisegruppen kleiner ausfallen konnten. Das führte u. a. dazu, dass Island einen angeblich tausendstimmigen Chor in den Beitrag einbaute.

Volare, oh-oh

Es dürfte der größte ESC-Hit sein, der nie den ESC gewann: „Nel blu dipinto di blu" von Domenico Modugno, meist mit einer etwas leichter zu merkenden Vokabel aus dem Refrain betitelt: „Volare" („Fliegen").

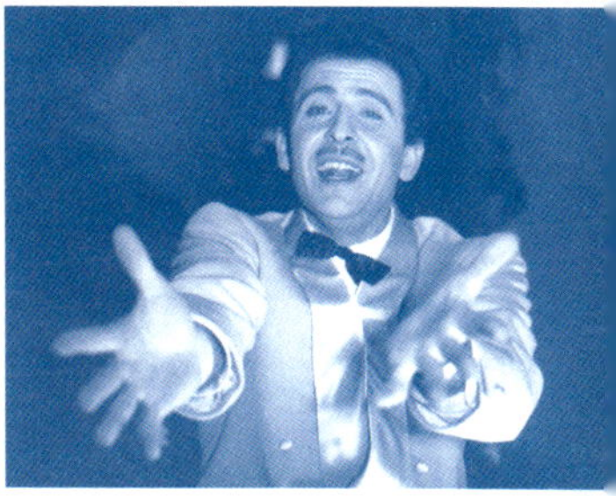

Modugno und sein Co-Autor Franco Migliacci wurden sich zeitlebens nicht mehr einig, wer von beiden auf die Idee zu dem eingängigen Refrain gekommen war. Immerhin besteht so viel Konsens: In dem Lied geht es ausführlich um die Farbe Blau (der Titel, übersetzt: „In Blau gemaltes Blau").

Das Lied hatte das Sanremo-Festival 1958 mit einigem Abstand gewonnen. Beim anschließenden Song Contest in Hilversum musste sich Italien aber mit Rang drei zufriedengeben. Das Siegerlied „Dors, mon amour" des Franzosen André Claveau sowie Lys Assias „Giorgio" auf Platz 2 sind heute nur noch ausgewiesenen ESC-Connaisseurs im Ohr, während der italienische Beitrag mehr als 60 Jahre später getrost als Klassiker bezeichnet werden kann: Im Sommer 1958 landete „Nel blu dipinto di blu" auf Platz 1 der amerikanischen Single-Charts und bei der allerersten Grammy-Verleihung im Jahr 1959 wurde es als „Single des Jahres" und „Song des Jahres" ausgezeichnet. In Deutschland war das Lied in mehreren Fassungen gleichzeitig (u. a. von Peter Alexander) in den Top 10 und 1989 erlebte es in der Version der Gipsy Kings international einen zweiten Frühling. Es existieren Cover von Dean Martin, David Bowie, Gianna Nannini, Barry White, Frank Zappa, Frank Sinatra und Dutzenden weiteren Acts – vom erfolgreichsten italienischen Song aller Zeiten und mutmaßlich bekanntesten Song der ESC-Geschichte wurden insgesamt mehr als 22 Millionen Platten verkauft.

Zahlen & Fakten

1.603 Songs gingen von 1956 bis 2021 als ESC-Beiträge ins Rennen. (Nicht mitgerechnet sind Lieder, die aus verschiedensten Gründen nicht am Wettbewerb teilnahmen, so auch die 41 Beiträge der ausgefallenen Ausgabe 2020.)

24 dieser Lieder (und damit 1,5 % aller ESC-Beiträge überhaupt) stammen aus der Feder des deutschen Komponisten Ralph Siegel. Rekord!

95 Jahre alt war Emil Ramsauer, Bassist der Schweizer Band Takasa (eigentlich eine Kapelle der Heilsarmee), als er 2013 in Kopenhagen auf der ESC-Bühne stand. Damit ist er unangefochten der älteste Teilnehmer am Song Contest. Bei den Sieger*innen liegt der Rekord deutlich niedriger: 50 Jahre und 101 Tage alt war Dave Benton bei seinem Sieg für Estland im Jahr 2001.

53 Jahre musste Portugal warten, bis Salvador Sobral beim Song Contest 2017 den ersten Sieg für das Land holte.

87 Sekunden „lang" ist der kürzeste Song, der je am ESC teilnahm: „Aina mun pitää" von der finnischen Punkband Pertti Kurikan Nimipäivät im Jahr 2015.

18.048 Kilometer Luftlinie liegen zwischen der australischen Hauptstadt Canberra und Lissabon. Jessica Mauboy hatte 2018 damit die längste Anreise zu einem Song Contest.

In 6 Ländern war Lenas „Satellite" 2010 auf Platz 1 der Single-Charts.

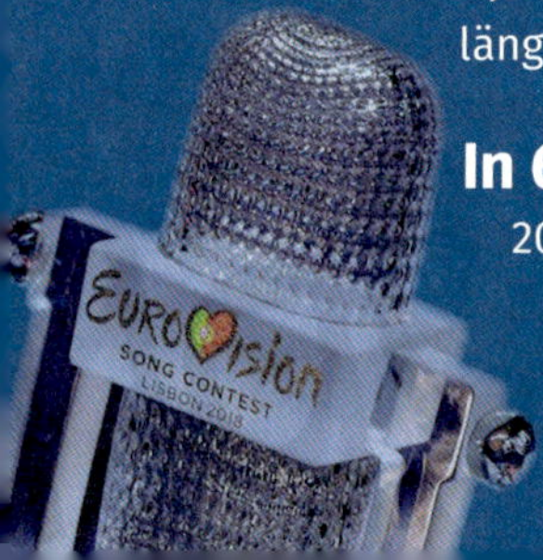

615 Punkte erhielt der Bulgare Kristian Kostow für seinen Song „Beautiful Mess". Beim Song Contest 2017 wurde er damit nur Zweiter, in der ewigen Bestenliste liegt er vor den Siegern von 2016, 2018, 2019 und 2021 – vor denen aus der Zeit davor sowieso, weil bis 2015 viel weniger Punkte vergeben wurden.

52 Länder haben im Laufe der Geschichte am ESC teilgenommen – Deutschland 64 Mal, Marokko nur ein einziges Mal (1980).

5,8 Milliarden Aufrufe haben die über 6.100 Videos gemeinsam generiert, die auf dem offiziellen ESC-YouTube-Account veröffentlicht wurden (Stand: November 2021).

2,8 kg wiegt die offizielle ESC-Trophäe aus Kristallglas.

12 verschiedene Sprachen kommen im norwegischen Beitrag von 1973 vor („It's Just a Game" von den Bendik Singers). Insgesamt wurde in der ESC-Geschichte in über 70 verschiedenen Sprachen und Dialekten gesungen.

Elf Mal landete Norwegen bei ESC-Finals ganz am Ende der Tabelle, häufiger als jede andere Nation. Dafür stand das Land auch drei Mal an der Spitze.

60 Mal hatte der ESC schon stattgefunden, als er 2015 als „am längsten laufender jährlicher Fernseh-Musikwettbewerb (international)" ins „Guinness Buch der Rekorde" aufgenommen wurde.

Gastarbeiter*innen

„Eine Reise in den Süden ist für andre schick und fein / Doch zwei kleine Italiener möchten gern zu Hause sein". Als Conny Froboess 1962 in Luxemburg „Zwei kleine Italiener" besang, dürfte einem Großteil des Publikums gar nicht aufgefallen sein, dass es in dem Lied um sogenannte Gastarbeiter ging. Auch die italienische Jury ließ sich von dem Lied nicht beeindrucken.

Das Thema Arbeitsmigration taucht, neben den naheliegenden Klassikern Liebe, Natur und Lautmalerei, in der ESC-Geschichte immer mal wieder auf. 2015 rief die rumänische Band Voltaj in ihrem Lied „De la capăt – All Over Again" dazu auf, die eigenen Kinder nicht zurückzulassen, um im Ausland Geld zu verdienen. Aber auch abseits sozialkritischer Texte gehören ausländische Arbeitskräfte zum Song Contest: Freddy Quinn, der 1956 einen der beiden deutschen Titel vortrug, war Österreicher; Nora Nova, die 1964 „Man gewöhnt sich so schnell an das Schöne" sang und die ersten „zero points" für Deutschland holte, wurde in Bulgarien geboren. Der deutsche Musikmarkt der Nachkriegszeit war geprägt von Künstler*innen, die ursprünglich aus dem fremdsprachigen Ausland kamen, aber auf Deutsch sangen – womöglich, um die Bundesrepublik als weltoffen zu präsentieren. Wencke Myhre, die 1968 „Ein Hoch der Liebe" anstimmte, stammte ursprünglich aus Norwe-

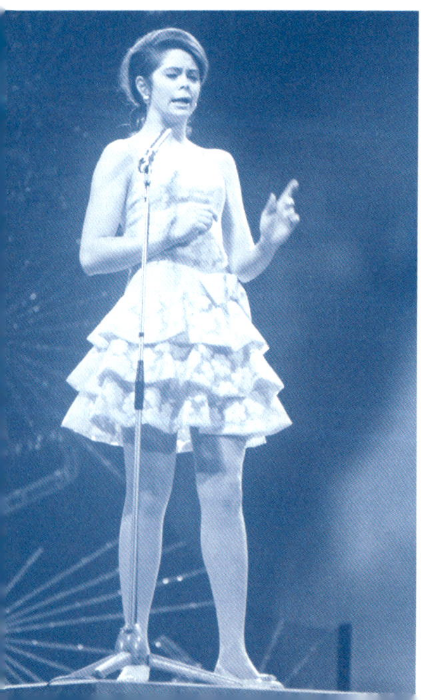

Wencke Myhre 1968 in London

gen, Siw Malmkvist war sogar schon für ihre schwedische Heimat angetreten, bevor sie 1969 ihr „Primaballerina" für Deutschland sang – beide, Myhre und Malmkvist, bekamen übrigens keine Punkte aus ihren jeweiligen Heimatländern. Mit Gitte Hænning („Junger Tag") 1973 war dann ein weiteres skandinavisches Land abgehakt.

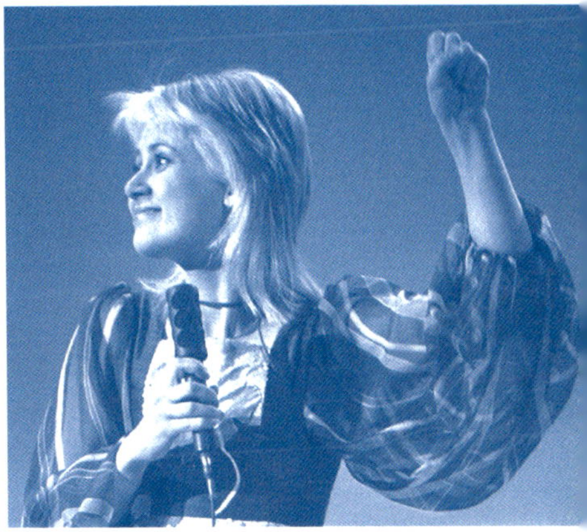

Gitte Hænning
1973 in Luxemburg

Gerade kleinere Länder griffen gerne auf Leiharbeitskräfte zurück: Luxemburg und Monaco haben in ihrer aktiven Zeit nur wenige eigene Acts zum Song Contest geschickt, darunter Camillo Felgen, der 1960 als erster gebürtiger Luxemburger antrat und auf Luxemburgisch sang und später als Moderator des „Spiel ohne Grenzen" in Deutschland bekannt wurde. Die fünf Siege holte Luxemburg mit dem Franzosen Jean-Claude Pascal (1961, „Nous les amoureux"), der Französin France Gall (1965, „Poupée de cire, poupée de son"), der in Hamburg groß gewordenen Griechin Vicky Leandros (1972, „Après toi") und den Französinnen Anne-Marie David (1973, „Tu te reconnaîtras") und Corinne Hermes (1983, „Si la vie est cadeau"). Monaco gelang der einzige Sieg 1971, als die Französin Séverine „Un banc, un arbre, une rue" sang.

Gewinnen konnten auch die Kanadierin Céline Dion 1988 für die Schweiz, die US-Amerikanerin Katrina Leskanich als Sängerin der britisch-amerikanischen Band Katrina And The Waves 1997 für das Vereinigte Königreich und Dave Benton aus Aruba, der gemeinsam mit Tanel Padar und 2XL im Jahr 2001 für Estland antrat.

Und Udo Jürgens zum Dritten ...

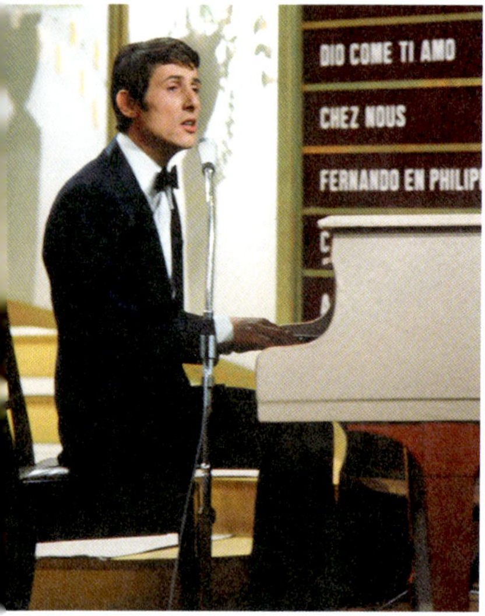

Man kann nicht sagen, dass er es nicht darauf angelegt hätte: Nach seinen Teilnahmen 1964 („Warum nur, warum?“, Platz 6 – Österreichs bis dahin beste Platzierung) und 1965 („Sag ihr, ich laß sie grüßen“, Platz 4) ging Udo Jürgens 1966 in Luxemburg zum dritten Mal in Folge für Österreich an den Start.

Dass der damals 31-Jährige, der als Jürgen Udo Bockelmann geboren worden war, zumindest im deutschsprachigen Raum schon durchaus als Berühmtheit galt, zeigen die Versuche, seine Auftritte beim Song Contest zu sabotieren: Die ARD, so erzählte es zumindest Jürgens' Manager Hans R. Beierlein noch Jahrzehnte später, hatte 1965 in Neapel dafür sorgen wollen, dass die Acts nur ohne Musikinstrumente auf die Bühne dürfen – ein klarer Angriff auf den gebürtigen Klagenfurter, der immer an einem weißen Flügel saß.

Es hat ihm nicht geschadet: 1966 war die Zeit offenbar reif für den Mann am Klavier. Ein gewisses Kalkül bei der Wahl seines Titels „Merci, Chérie“ kann man ihm allerdings schon unterstellen: Von den bisher zehn ESC-Siegersongs waren sechs auf Französisch. Da im Vorjahr die offizielle Regel eingeführt worden war, dass die Beiträge in der jeweiligen Landessprache gesungen werden müssen, war der Rest seines Textes allerdings deutsch.

Nachdem er bei der Punktevergabe mehr als doppelt so viele Punkte wie die zweitplatzierten Lill Lindfors und Svante Thuresson aus Schweden bekommen hatte (31 zu 15), eröffnete Jürgens seinen Siegerauftritt mit einem augenzwinkernden, gesprochenen „Merci, Jury". Vom großen Nachbarn Deutschland hatte die Alpenrepublik traditionell keinen einzigen Zähler bekommen, aber Österreich hatte jetzt einen entscheidenden Vorteil: einen Sieg beim Eurovision Song Contest.

Für Udo Jürgens war es der Beginn einer Weltkarriere: Noch in der Nacht seines Triumphs sei er „nach Amerika, nach Australien, nach Japan, in alle europäischen Länder" eingeladen worden, erzählte er später. 1968 kehrte er noch einmal als Komponist zum ESC zurück, aber „Tausend Fenster", das Karel Gott für Österreich sang, konnte keinen bleibenden Eindruck hinterlassen und landete mit zwei Punkten (hier vielleicht das historische Moment: beide aus Deutschland!) auf Rang 13 von 17. Man kann nur mutmaßen, welche Rolle Jürgens beim zweiten ESC in seiner Heimat gespielt hätte: Der große Entertainer starb im Dezember 2014, zwischen dem Sieg von Conchita Wurst in Kopenhagen und dem Song Contest in Wien, knapp drei Monate nach seinem 80. Geburtstag. Bei der Eröffnung des Finals in der Wiener Stadthalle erklang aber schließlich noch einmal „Merci, Chérie", gespielt von der Geigerin Lidia Baich.

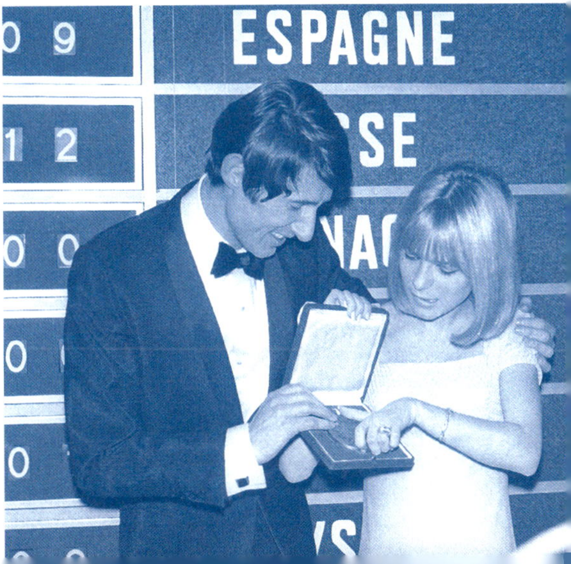

France Gall überreicht Udo Jürgens die Medaille in Luxemburg.

Mehr als eine Puppe: France Gall

Während in aller Welt der Beat regierte, ging es beim Song Contest weiter eher behäbig zu. Nach neun Balladen gewann 1965 mit „Poupée de cire, poupée de son" immerhin zum ersten Mal eine Uptempo-Nummer den Wettbewerb – und das, obwohl der Vortrag einer jungen Französin, die für Luxemburg startete, nicht unbedingt stimmsicher war. Ihren Namen merkte sich das Publikum aber schnell: France Gall.

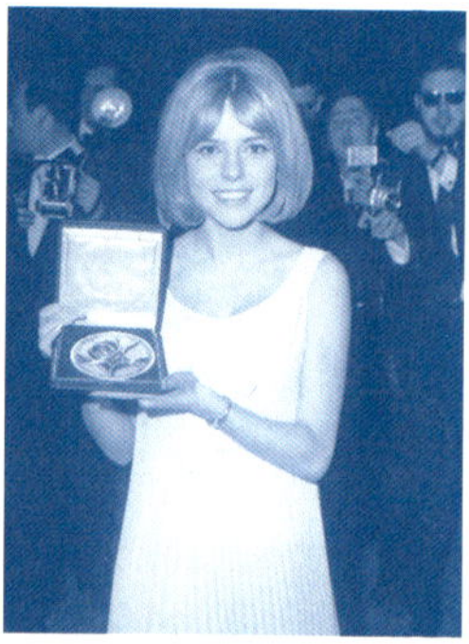

Geschrieben wurde der Song von Serge Gainsbourg, der später mit dem Beischlafschlager „Je t'aime… moi non plus", gegen Ende aber vor allem mit alkoholisierten Ausfällen in der Öffentlichkeit für Aufsehen sorgen sollte. Die Melodie lehnte er an den 4. Satz von Beethovens Klaviersonate Nr. 1 an, der Text führt bis heute zu kontroversen Exegesen, handelt er doch wahlweise von einer harmlosen Wachspuppe oder vom Erwachen der eigenen Sexualität. France Gall, damals noch keine 18 Jahre alt, konnte oder wollte diese zweite Lesart des Textes von Gainsbourg (damals 37) offenbar nicht sehen, aber die frankophonen Jurys aus Monaco und Frankreich ließen das Lied schlicht durchfallen.

France Gall nahm ihren Siegertitel in sechs Sprachen auf (deutsche „Übersetzung": „Das war eine schöne Party"), machte in den 1960er Jahren mit Liedern wie dem fröhlichen Kolonial-Schlager „Zwei Apfelsinen im Haar" in Deutschland weiter Karriere, feierte ihren größten Erfolg hierzulande aber 1988 mit dem Nummer-eins-Hit „Ella, elle l'a". Ihren Eurovision-Siegertitel bezeichnete sie später als „dummes Lied" und sang ihn schließlich nie wieder. Anfang 2018 starb sie im Alter von 70 Jahren an Krebs.

Vier gewinnt

Der ESC 1969 wäre auch so schon ein außergewöhnlicher Fall für die Geschichtsbücher gewesen: Nachdem die Sängerin Massiel (selbst nur ein kurzfristiger Ersatz für den ursprünglichen Interpreten Joan Manuel Serrat) im Vorjahr in London 138 Mal die Silbe „La" gesungen und mit ihrem angemessen betitelten Song „LaLa-La" den heißen Favoriten Cliff Richard denkbar knapp geschlagen hatte, fand der Song Contest in Madrid statt. Spanien wurde damals seit 30 Jahren von Diktator Franco regiert – da das Verhältnis zu Diktaturen in Österreich noch etwas unentspannter als in Deutschland war, verzichtete das Land auf eine Teilnahme in Madrid (offiziell allerdings, weil man keinen geeigneten Act fand). Wales suchte und fand einen in einem eigenen Wettbewerb, musste dann aber einsehen, dass es kein eigenständiges Land ist und deshalb nicht zusätzlich zum Vereinigten Königreich teilnehmen darf. In Frankreich war der Song „Un beau matin" von Vetty im Umlauf, auf dessen Single der Schriftzug „Der offizielle Beitrag Liechtensteins beim Grand Prix Eurovision 1969" prangte, was sich aber als Scherz erwies, da der Zwergstaat nicht mal EBU-Mitglied war.

Die 16 Nationen, die schließlich teilnahmen, erlebten einen Abend, der in jeder Hinsicht einzigartig bleiben sollte. Nicht nur, dass der Surrealist Salvador Dalí, damals ein Popstar der internationalen Kunstszene, Plakate und ein Logo entwarf, die selbst heute noch als verstörend angesehen werden dürfen; das Publikum musste als Pausenfüller auch noch den avantgardistischen Kurzfilm „La España diferente" von Javier Aguirre Fernandez durchleiden, einen fünfminütigen cineastischen Drogentrip.

Danach waren immerhin alle Beteiligten gut vorbereitet auf die kaum weniger absurde Punktevergabe, an deren Ende feststand, dass vier Länder, immerhin ein Viertel des Starterfeldes, punktgleich auf Platz 1 lagen. Nach kurzer Rücksprache mit den

EBU-Verantwortlichen verkündete Moderatorin Laurita Valenzuela: „We have four winners!" Den ersten Platz und die nicht in ausreichender Anzahl vorhandenen Medaillen teilten sich Salomé aus Spanien mit „Vivo cantando", Lulu aus dem Vereinigten Königreich mit „Boom Bang-a-Bang", die Niederländerin Lenny Kuhr mit „De troubadour" und Frida Boccara aus Frankreich, die „Un jour, un enfant" gesungen hatte.

Während sich der an Wahrscheinlichkeitsrechnung interessierte Teil des Publikums damit beschäftigte, dass auch die Ränge 7, 9 und 13 jeweils doppelt besetzt waren, wurden alle vier Siegertitel noch einmal zur Aufführung gebracht und hinter den Kulissen bereits darüber nachgedacht, wie man solche Gleichstände in Zukunft vermeiden könnte.

Aus Protest gegen des Vier-Sieger-Debakel verzichteten Österreich, Finnland, Schweden, Norwegen und Portugal 1970 auf ihre Teilnahme beim ESC. Dabei hatte sich die EBU extra eine Regel ausgedacht, was bei Gleichstand passieren würde. Damals hätten die punktgleichen Acts noch einmal singen und die übrigen Länder noch einmal abstimmen sollen – eine Regel, die nie zur Anwendung kam.

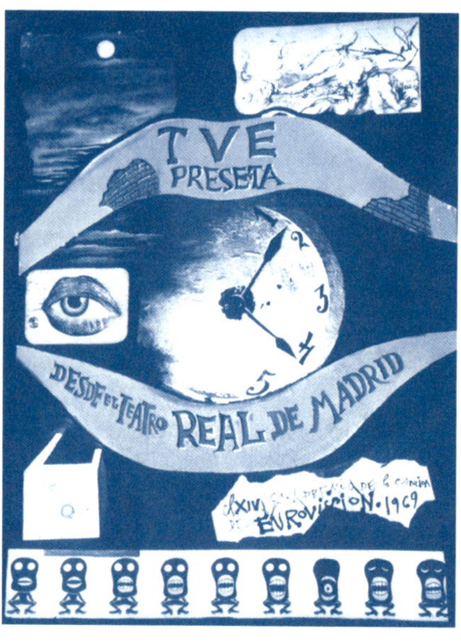

ESC-Plakat von Salvador Dalí

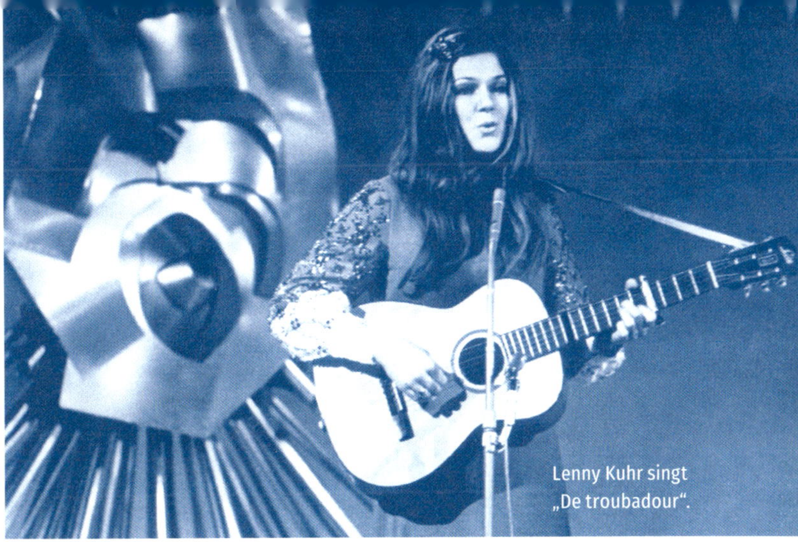

Lenny Kuhr singt „De troubadour".

1991 lagen Carola aus Schweden und Amina aus Frankreich beide mit 146 Punkten auf Platz 1. Gemäß der damals geltenden Regeln wurde zunächst geschaut, welches Land öfter die Höchstwertung erhalten hatte. Da beide Länder je vier Mal 12 Punkte erhalten hatten, waren als nächstes die 10-Punkte-Votes entscheidend: Carola hatte fünf erhalten, Amina nur zwei, so dass sie sich schließlich geschlagen geben musste.

Die aktuelle Regel besagt: Wenn zwei Songs nach Abgabe aller Stimmen der nationalen Jurys und des Publikums die gleiche Punktzahl erreichen, gewinnt das Land mit der höheren Anzahl von Publikumsstimmen. Wenn die Publikumsstimmen für beide Länder gleich sind, entscheidet als Nächstes die höhere Anzahl der Länder, aus denen die besagten Songs Punkte bekommen haben. Gibt es auch hier ein Unentschieden, ist die Anzahl der 12-Punkte-Wertungen entscheidend, danach 10 Punkte und so weiter.

Diese Regeln gelten für alle Platzierungen. Eine Ausnahme: Sollten zwei oder mehr Länder null Punkte erhalten, entscheidet die Startnummer. Und so kam die Deutsche Ann Sophie beim ESC 2015 zu ihrem 27. Platz, weil die ebenfalls punktlosen Makemakes aus dem Gastgeberland Österreich als 14. aufgetreten waren und sie an Position 17.

Vicky Leandros

Schlägt man im Lexikon das Wort „Kosmopolitin“ nach, findet man dort mitunter ein Bild von Vicky Leandros – und das nicht nur, weil beide (Wort und Frau) ursprünglich aus Griechenland kommen. Geboren auf Korfu, später aufgewachsen in Hamburg, wo ihr Vater Leo Leandros als Schlagersänger, Komponist und Produzent namhafter Acts reüssierte und die eigene Tochter alsbald zum zweiten, noch größeren Star der Familie aufbaute.

Sie sang ihre großen Hits auf Deutsch, Englisch, Französisch, Griechisch, Japanisch, Niederländisch und Spanisch (eigentlich wollte sie Fremdsprachenkorrespondentin bei der UNO werden), war in Belgien, Deutschland, Frankreich, Japan, Kanada, den Niederlanden, Spanien und Lateinamerika in den Charts, trat im Pariser Olympia, in der Royal Albert Hall und der Carnegie Hall auf, wurde mit Goldenen Schallplatten, Preisen und Verdienstorden überhäuft und war kurzzeitig Kommunalpolitikerin in Piräus.

Der Beginn dieser großen Karriere war 1965 die Single „Messer, Gabel, Schere, Licht“. Zwei Jahre später trat sie, schon damals ganz Weltbürgerin, für Luxemburg beim Grand Prix an und wurde Vierte. 1972 kehrte sie zurück und triumphierte selbstbewusst mit der dramatischen Ballade „Après toi“ („Nach Dir“).

Wie so viele Menschen, die einmal am ESC teilgenommen oder ihn gar gewonnen hatten, kam auch Vicky Leandros nicht mehr ganz von ihm los: Im Rahmen ihres 40. Bühnenjubiläums wollte sie es noch einmal wissen und trat 2006 mit der Powerballade „Don’t Break My Heart“ beim deutschen Vorentscheid an. Das Publikum entschied sich allerdings für den Country-Schunkler „No No Never“ der Gruppe Texas Lightning, der in Athen auf Platz 14 landete.

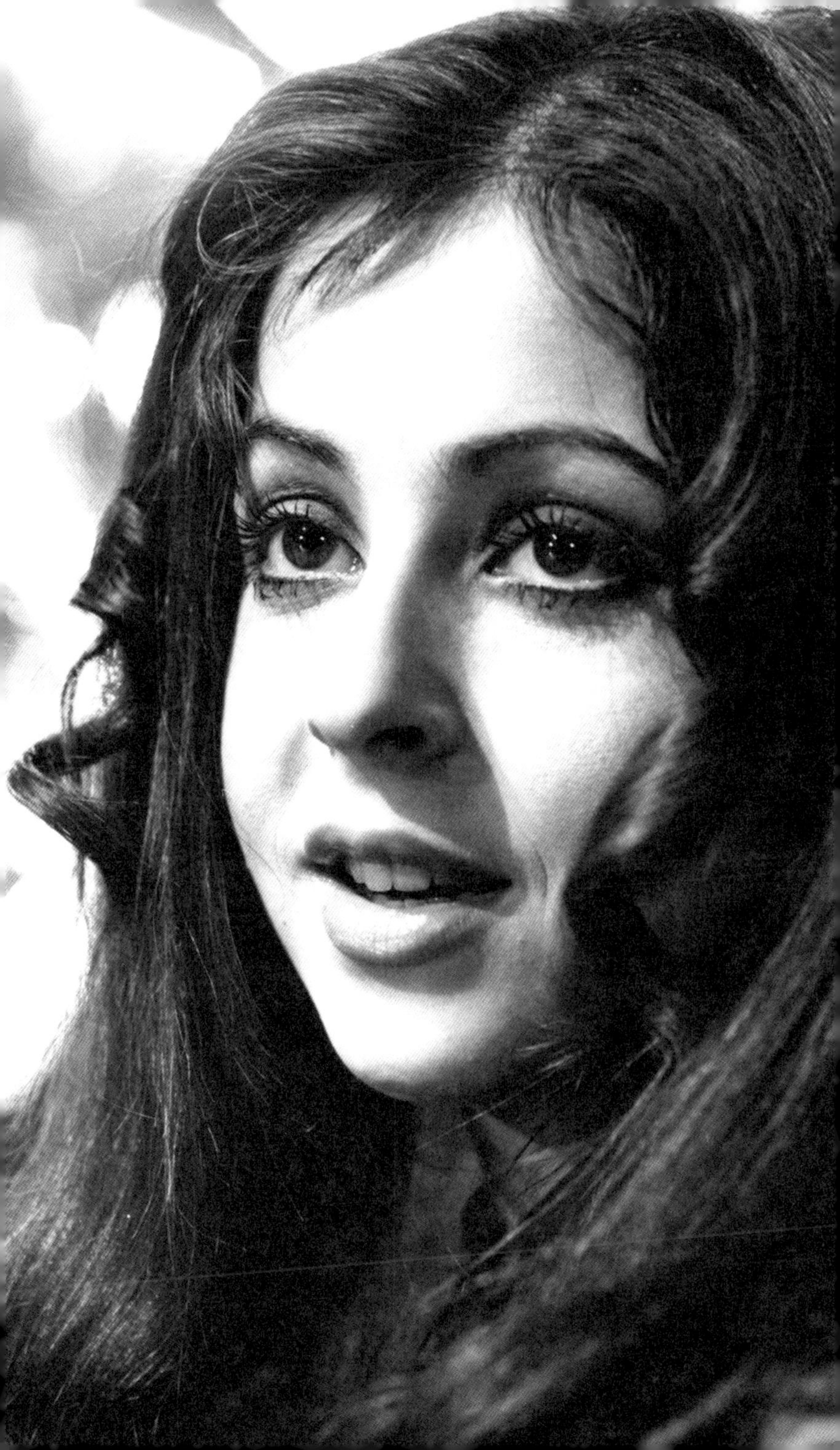

Bronze, Silber, Katja Ebstein

Junge Menschen kennen Katja Ebstein vor allem aus „Remmidemmi (Yippie Yippie Yeah)“ von Deichkind, sehr junge Menschen kennen nicht mal mehr das. Alle anderen wissen natürlich: Bevor Nicole den ESC gewann, war Katja Ebstein mit drei Podest-Plätzen die erfolgreichste deutsche Teilnehmerin.

Geboren als Karin Ilse Witkiewicz kurz vor Kriegsende im heutigen Gilów in Niederschlesien, aufgewachsen in der Epensteinstraße in Berlin-Reinickendorf, die ihr später bei der Wahl ihres Künstlernamens half, kam sie mit der Berliner Liedermacher-

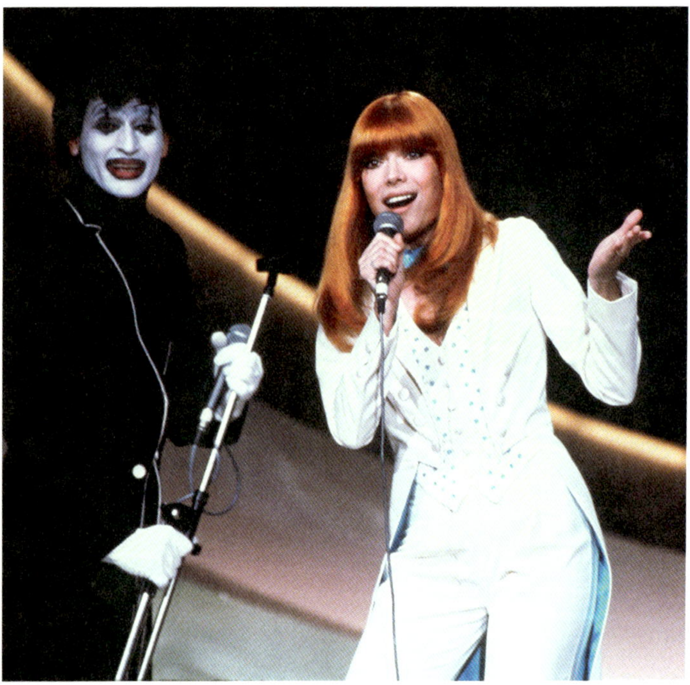

Szene in Kontakt, sang beim berühmten Folkfestival auf der Burg Waldeck und veröffentlichte ihre ersten Singles als Nachnamenlose „Katja". So richtig in Fahrt kam ihre Karriere erst als „Katja Ebstein" – das aber umso schneller: Schon kurz nach Veröffentlichung ihrer ersten Platte gewann sie 1970 den deutschen Vorentscheid.

Beim Song Contest in Amsterdam gab sie das bis heute unzerstörbare Mutmachlied „Wunder gibt es immer wieder" zum Besten, dessen zentrale Aussage sie gleich bewies, indem sie mit dem dritten Rang die bisher beste Platzierung für Deutschland belegte und dies im Folgejahr mit „Diese Welt", einem frühen Vertreter des Apokalyptischen Schlagers, auch noch wiederholte.

Ebstein wurde beim Internationalen Songfestival in Rio de Janeiro zur besten Sängerin gewählt, vertonte Texte von Heinrich Heine, sang Songs von Cat Stevens, Bob Dylan, Joni Mitchell, Leonhard Cohen und Stevie Wonder auf Deutsch und ihre eigenen Lieder in sieben Sprachen. In den 1970er Jahren wurde sie zu einer Art omnipräsenter singender Sozialdemokratie und scheiterte beim deutschen Vorentscheid 1975 an Joy Flemmings „Ein Lied kann eine Brücke sein".

Erst 1980 kehrte sie zurück auf die große europäische Bühne. Ralph Siegel, der sich inzwischen in den Song Contest verbissen hatte, schrieb ihr ein Chanson, das sein Stammdichter Bernd Meinunger mit einem Text über Vorhänge, vergessene Träume und Applaus versah, kurzum: „Theater".

Bei der Inszenierung setzte Siegel ganz auf sein Lieblingsinstrument, den Holzhammer: Er selbst trug beim Klavierspiel mit kleinen Clownspuppen besetzte, fingerlose, weiße Handschuhe (echt jetzt!) und stellte Ebstein zwischen vier weißgeschminkte Pantomimen, die erst traurig gestikulierten, dann imaginäre Fensterscheiben abtasteten und schließlich aus der Rolle fielen, indem sie zu singen begangen. Trotzdem belegte Deutschland mit dieser Aufführung zum allerersten Mal überhaupt den 2. Platz. Katja Ebstein ist somit der erfolgreichste Act, der mehrfach am ESC teilgenommen, aber nie gewonnen hat.

ABBA

Seien wir ehrlich: Wenn sie bei „Björn Benny & Agnetha Frida" geblieben wären, hätten sie vielleicht nie diese Weltkarriere hingelegt. Dieser sperrige Name stand noch auf dem Cover ihres Debütalbums und er machte nicht mal deutlich, dass es sich nicht um zwei, sondern um vier Personen handelte: Björn Ulvaeus, Benny Andersson, Agnetha Fältskog und Anni-Frid Lyngstad waren schon alle – teils sehr erfolgreich – im schwedischen Musikgeschäft aktiv, als sie sich gegenseitig über den Weg liefen. Björn und Benny beschlossen, gemeinsam Songs zu schreiben, Benny und Frida wurden ein Paar, Björn und Agnetha ebenfalls. Und während Pärchenabende bei den meisten Menschen mit langweiligen Brettspielen oder Zerwürfnissen über Politik enden, beschlossen diese Vier, die Popwelt umzukrempeln.

1973 nahmen sie mit dem alten Namen und ihrem Song „Ring Ring" am schwedischen Vorentscheid teil, wo sie zwar das Publikum, nicht aber die Fachjury überzeugten. 1974 hatten sie sich dann zum etwas knackigeren Bandnamen ABBA durchgerungen und mit „Waterloo" einen geradezu zwingenden Song im Gepäck: perlende Klavier-Akkorde, klug aufgeteilte Akustik- und E-Gitarren, wohl dosierte Bläser-Einsätze und vier Stimmen (ja, man kann die Männer tatsächlich auch hören), die perfekt ineinandergriffen. Dass der Text versuchte, Napoleons größte militärische Niederlage mit insgesamt rund 60.000 Toten und Verletzten als Bildspender für eine hoffnungslos verliebte Ich-Erzählerin zu nutzen, ist ein Jahr vor Ende des Vietnamkriegs bemerkenswert, tat dem Erfolg aber keinen Abbruch. Der weichgespülte Glam Rock funktionierte, und dass die schönen, jungen Bandmitglieder in glitzernden Kostümen auftraten, der Dirigent Sven-Olof Walldoff gar im Napoleon-Ornat, dürfte auch nicht geschadet haben:

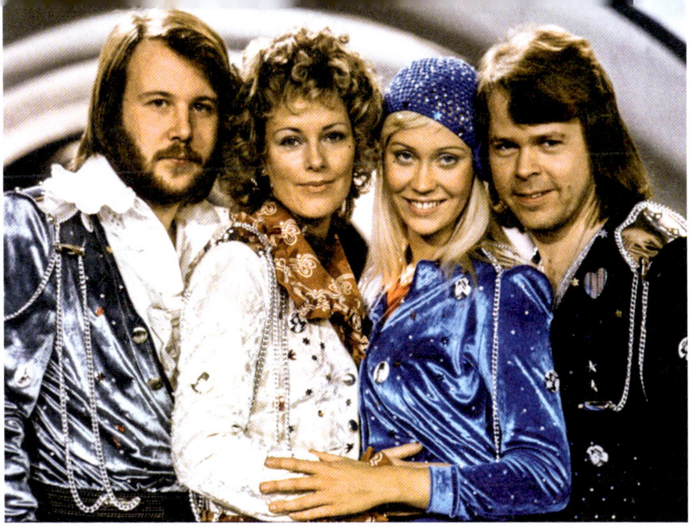

Bei der Punktevergabe legte Schweden einen Start-Ziel-Sieg hin, anschließend eroberte die Band Europa und die Welt, dass Napoleon neidisch geworden wäre.

Platten- und Ticketverkäufe brachen alle Rekorde, aber nach wenigen Jahren scheiterte erst die Ehe von Agnetha und Björn, dann die von Frida und Benny. Das warf mit „The Winner Takes It All“ zwar einen der traurig-schönsten Trennungssongs aller Zeiten ab, hatte ansonsten aber eher negative Auswirkungen auf die musikalische Zusammenarbeit.

Ab 1983 befanden sich ABBA offiziell in einer „Pause“. Ihre Songs genossen, nicht zuletzt dank des Musicals „Mamma Mia!“ und seiner Verfilmungen, weiterhin große Popularität. 2018 erklärte die Band überraschend, zwei neue Songs aufgenommen zu haben, deren Veröffentlichung seitdem immer wieder verschoben wurde, bis im Herbst 2021 gleich ein ganzes neues Album veröffentlicht und eine Liveshow mit Hologrammen der Bandmitglieder angekündigt wurden.

Übrigens: Selbst wenn die Band 1974 als „Björn Benny & Agnetha Frida“ aufgetreten wäre, wäre der Rekord für den längsten Namen eines ESC-Acts elf Jahre später gebrochen worden, als Margo, Franck Olivier, Diane Solomon, Ireen Sheer, Chris & Malcolm Roberts für Luxemburg antraten.

Die portugiesische Nelkenrevolution

Popsongs, die in die Geschichte eingingen, gibt es einige. Popsongs, die für den Verlauf der Geschichte eines Landes tatsächlich eine Rolle spielten, nicht unbedingt.

1974 schickte Portugal „E depois do Adeus" („Und nach dem Abschied") zum Song Contest im englischen Brighton. Das westlichste Land Europas war seit 1926 eine nationalistische Diktatur und nutzte den Song Contest gerne, um sich dem Ausland positiv zu präsentieren. Das Lied handelt auf den ersten Blick von einem räumlich getrennten Liebespaar, kann aber auch als Kritik an den portugiesischen Kolonialkriegen gelesen werden. Der Text stammt von José Niza, der als Militärarzt in den Kolonialkrieg in Angola entsandt wurde, und basiert auf Briefen, die er von dort an seine Frau schrieb. Während ABBA mit ihrer Reminiszenz an die Schlacht von Waterloo gewannen, ging der portugiesische Sänger Paulo de Carvalho beim ESC ziemlich unter und wurde punktgleich mit Norwegen, Deutschland und der Schweiz Letzter. Die große Stunde von „E depois do Adeus" sollte aber nur zweieinhalb Wochen später schlagen: Am 24. April 1974 spielte der Radiosender Emissores Associados de Lisboa um 22.55 Uhr den portugiesischen ESC-Beitrag. Das Lied war wenige Wochen zuvor bei einem Geheimtreffen von Offizieren, die das Regime stürzen wollten, als Signal ausgewählt worden, weil es – im Gegensatz zu echten Widerstandsliedern – als unauffällig galt. Die eingeweihten Militärs wussten so aber, dass sie sich bereithalten sollten. Als anderthalb Stunden später auf einem anderen Radiosender der Text vom antifaschistischen Kampflied „Grândola, Vila Morena" verlesen wurde, war klar: Jetzt geht's wirklich los!
In kürzester Zeit übernahmen die Aufständischen Ministerien, Rundfunk- und Fernsehsender und den Flughafen von Lissabon. Premierminister Marcelo Caetano trafen sie in einer Kaser-

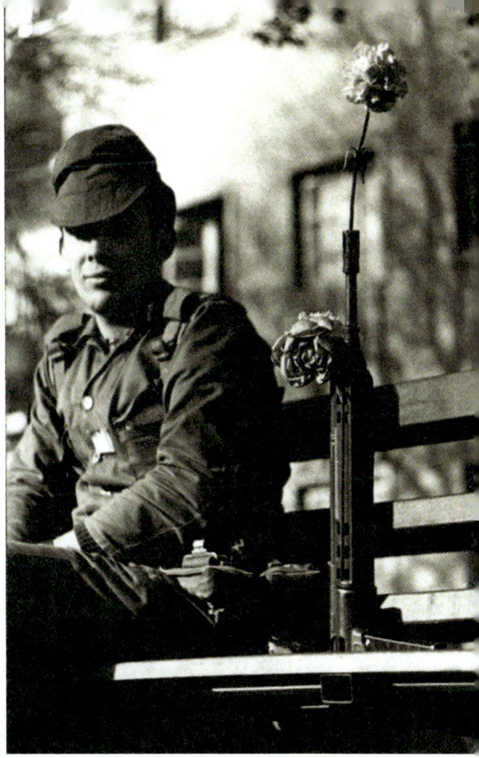

ne der Militärpolizei an, wo er nach mehrstündigen Verhandlungen die Macht abgab.

Vier Menschen wurden bei der Erstürmung der Stützpunkte der Geheimpolizei erschossen, ansonsten verlief die Revolution unblutig. Die Zivilbevölkerung feierte die linksgerichteten Widerstandskämpfer innerhalb der Armee und schmückte deren Uniformen und Gewehrläufe mit roten Nelken, dem Symbol der sozialistischen Arbeiterbewegung. Premier Caetano verließ das Land, zuvor verfolgte Oppositionelle kehrten aus dem Exil zurück. Nach einem turbulenten Jahr konnten am 25. April 1975, dem ersten Jahrestag der Nelkenrevolution, in Portugal die ersten freien Wahlen seit 50 Jahren stattfinden.

Beim nächsten Song Contest 1975 trat Duarte Mendes für Portugal an. Er war als Militärangehöriger selbst Teil der Nelkenrevolution gewesen und sang „Madrugada" („Morgengrauen"), das vom Aufbruch seines Landes in die Freiheit handelte. Er belegte damit Rang 16 von 19. Es dauerte aber noch über 40 Jahre, bis Portugal im Jahr 2017 den ESC zum ersten Mal gewann. Beim Finale in Lissabon 2018 erinnerte ein Video-Einspieler an die Nelkenrevolution und die Rolle von „E depois do Adeus". Das portugiesische Publikum feierte diesen Moment stolz und sichtlich ergriffen.

The Joy of Singing

Kann man sich einen besseren Titel für einen ESC-Beitrag vorstellen als „Ein Lied kann eine Brücke sein"? Eben!

1975, im Jahr 1 nach ABBA, sah alles perfekt aus: Schlagerbarde Michael Holm („Mendocino", „Barfuß im Regen", „Tränen lügen nicht") hatte den Text verfasst: ein Loblied auf die Kraft der Musik, die Menschen und Völker verbinden kann. Der Komponist Rainer Pietsch hatte sich von Soulplatten inspirieren lassen und ein schwungvolles Destillat geschaffen, das ihn selbst offenbar

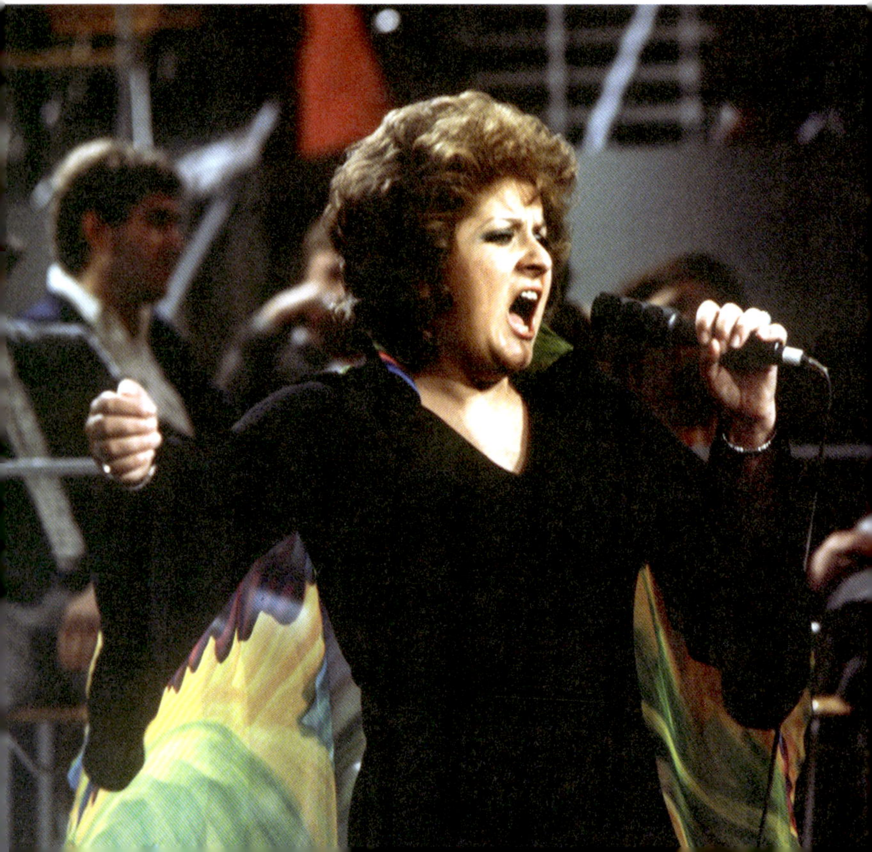

so sehr mitriss, dass man Angst haben musste, er würde gleich durch das Stockholmer Dirigentenpodest krachen.

Joy Fleming, bisher bekannt durch Lieder wie den „Neckarbrückenblues“ im Mannheimer Regiolekt, hatte mit diesem Meisterwerk den deutschen Vorentscheid gewonnen und dabei Peggy March, Mary Roos, Marianne Rosenberg (immerhin mit dem späteren Evergreen „Er gehört zu mir“), Jürgen Marcus und die zweifache ESC-Dritte Katja Ebstein – ja, man kann sagen: ungefähr die halbe deutsche Schlagerbranche – hinter sich gelassen. Singen konnte sie eh wie keine Zweite in Deutschland und beim Auftritt in Stockholm bot sie sicherheitshalber auch noch ein paar Zeilen auf Englisch dar.

Was, um alles in der Welt, ist also schiefgelaufen, dass dieser Song, den viele (ich!) für den besten deutschen ESC-Beitrag aller Zeiten halten, nur auf dem drittletzten Platz (17) landete?! Man weiß es nicht, aber man weiß ja generell so wenig. Vielleicht waren die Jurys in jenem Jahr einfach auf Anspruchslosigkeit gepolt, denn es gewann der Beitrag der Niederlande mit dem fast beleidigend blöden Titel „Ding-A-Dong“.

Joy Fleming nahm in der Folge noch drei Mal (1986, 2001 und 2002) am deutschen Vorentscheid teil. Sie starb 2017 im Alter von 72 Jahren.

Obwohl Michael Holm einer der ganz Großen im deutschen Schlager war, ist der Text zu „Ein Lied kann eine Brücke sein“ sein einziger Beitrag zum Song Contest. Eine Gemeinsamkeit mit Ralph Siegel, dem umtriebigsten ESC-Komponisten überhaupt, hat er allerdings trotzdem: „Fiesta Mexicana“. Den unzerstörbaren Schützenfest-Hit schrieben die beiden zusammen für Rex Gildo. Hossa!

What's Another Year?

Man sollte annehmen, dass jedes Land über eine ausreichend große Musikszene verfügt, um jedes Jahr einen frischen Act zum ESC entsenden zu können. Doch schon bei den allerersten Ausgaben sah es ganz anders aus: Lys Assia, die bei der Premiere 1956 beide schweizerischen Lieder dargeboten und mit „Refrain" gewonnen hatte, kehrte 1957 zurück, ebenso wie Corry Brokken, die im Vorjahr einen der niederländischen Beiträge gesungen hatte. Brokken gewann, so dass die einzig logische Konsequenz so aussah, dass 1958 beide Damen, die Assia und die Brokken, noch einmal in den Ring stiegen. Keine von beiden gewann, aber weil in Hilversum mit Margot Hielscher (Deutschland, 1957) und Fud Leclerc (Belgien, 1956) noch zwei weitere Wiederholungstäter*innen aufliefen, war klar: Ein Liederwettbewerb kann eine Droge sein.

Udo Jürgens trat 1966 zum dritten Mal in Folge für Österreich an und hatte mit „Merci, Chérie" endlich einen Siegertitel geschrieben. Er teilte sich die Bühne in Luxemburg Stadt mit Domenico Modugno, der ebenfalls den dritten Anlauf nahm, anders als Jürgens jedoch nie gewann. Katja Ebstein, die 1970 und 1971 jeweils Dritte geworden war, trat 1980 noch einmal für Deutschland an und belegte den 2. Platz.

Nachdem Johnny Logan 1980 für Irland den ESC gewonnen, in der Folge aber sein gesamtes Vermögen verloren hatte, kehrte er 1987 mit dem selbst geschriebenen „Hold Me Now" zurück und tat etwas, was vorher (und nachher) noch niemandem gelungen war: Er gewann den Song Contest tatsächlich ein zweites Mal. Endgültig zur Ausnahmeerscheinung wurde Logan dann 1992, als Linda Martin mit dem von ihm (unter seinem Geburtsnamen Seán Sherrard) verfassten „Why Me?" den Song Contest gewann.

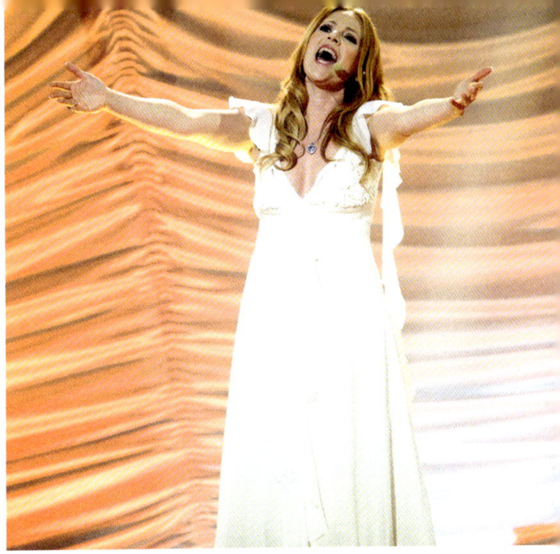

Sängerin Valentina Monetta repräsentierte San Marino vier Mal beim ESC.

Logans Siegertitel von 1980, „What's Another Year?", wurde indes zum inoffiziellen Motto all jener, die vom ESC nicht mehr loskommen: Carola, Schwedens Siegerin von 1991, wollte es 2006 noch einmal wissen und wurde 5.; Charlotte Nilsson (später: Perrelli), Gewinnerin von 1999, holte 2008 für Schweden den 18. Platz; Niamh Kavanagh, die 1993 für Irland gewonnen hatte, belegte 2010 den 23. Platz.

Lena trat bekanntlich schon 2011, im Jahr nach ihrem Sieg mit „Satellite", beim Heim-Grand-Prix in Düsseldorf noch einmal an (Platz 10) und traf dort auf Dana International, die Siegerin von 1998, die allerdings schon im Halbfinale ausschied.

Gerade in Skandinavien, wo schon die Vorentscheide über Wochen laufen und zu den erfolgreichsten TV-Programmen überhaupt zählen, hat sich ein Paralleluniversum der Musikindustrie gebildet, in dem Menschen immer und immer wieder antreten, um es noch einmal auf die ESC-Bühne zu schaffen.

Den Rekord für die Teilnahme an den meisten ESC-Ausgaben aber hält eine Frau namens Valentina Monetta: Sie ging 2012, 2013, 2014 und 2017 ins Rennen, wobei sie nur 2014 ins Finale (und auf Platz 24 von 26) kam. Das Land, für das sie jedes Mal antrat, hat allerdings auch nur 33.860 Einwohner*innen – und damit vermutlich tatsächlich nur eine einzige Sängerin: San Marino.

See you next year in …

Als es nach der Premiere 1956 darum ging, wo der zweite Song Contest stattfinden sollte, stand die EBU vor einem Problem: Die Regel, nach der das Gewinner-Land die Veranstaltung im Folgejahr ausrichtet, wurde erst ein Jahr später eingeführt. Nach Beratungen ging man auf das Angebot des Hessischen Rundfunks ein, die ganze Chose in Frankfurt auszurichten. Die Niederlande gewannen und 1958 fand der ESC in Hilversum statt.

Seitdem folgt auf die Freude über den Sieg meist die panische Feststellung, dass nun nur 52 Wochen bleiben, um alles zu organisieren. Bei guten Wettquoten lassen die Sender deswegen inzwischen vorab Pläne erarbeiten, die sie dann aus der Schublade holen können.

In welcher Stadt der Song Contest stattfindet, entscheiden Land und verantwortlicher Sender selbst – unter Berücksichtigung bestimmter Vorgaben der EBU: So sollte die Halle (!) mindestens 10.000 Menschen Platz bieten und die Stadt sollte in der Nähe eines internationalen Flughafens liegen und über ausreichend Hotelzimmer verfügen. Nach den deutschen Siegen 1982 und 2010 fanden die „Heimspiele" in München und Düsseldorf statt.

Der kleinste Ort, in dem je ein ESC abgehalten wurde, ist definitiv das irische Millstreet, in dem nur 1.500 Menschen, aber viele Tiere leben, weshalb die Ausgabe 1993 dort in einer Halle stattfand, die sonst überwiegend für Reitsportveranstaltungen und Landwirtschaftsmessen genutzt wird.

Übrigens gab es nach 1957 noch Jahre, in denen der Song Contest nicht in der Heimat des Vorjahressiegers stattfand: Allein vier Mal sprang das Vereinigte Königreich ein und 1980 gastierte der ESC-Circus in Den Haag, nachdem Israel zwei Jahre in Folge gewonnen hatte und an seine finanziellen Grenzen kam.

AHA!

007 Punkte

Was hat James Bond mit dem Song Contest am Hut? Nun: Zum Beispiel sangen zwei Personen, die in den Swinging Sixties beim ESC auftraten, Titelsongs der Agentenfilm-Reihe.

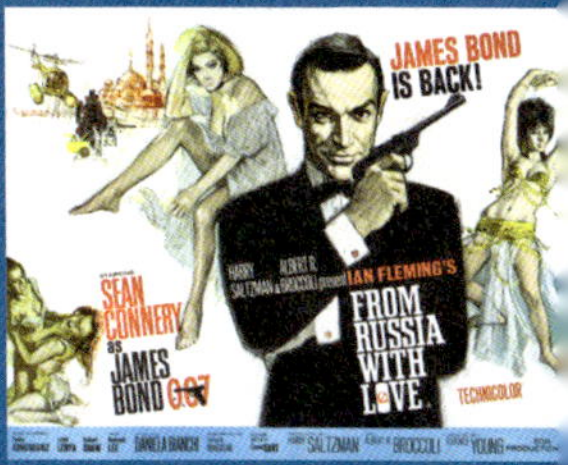

Matt Monro blickte auf einen bekannten Seifen-Werbejingle und zwei Top-10-Singles zurück, als er 1963 den Song „From Russia With Love“ für den James-Bond-Film „Liebesgrüße aus Moskau“ sang. Im folgenden Jahr trat er fürs Vereinigte Königreich beim ESC an und landete mit „I Love The Little Things“ auf Platz 2.

Die britische Sängerin und Fernsehmoderatorin Marie McDonald McLaughlin Lawrie, kurz: Lulu, war 1969 einer der vier Acts, die punktgleich den ESC in Madrid gewannen. Mit „Boom Bang-a-Bang“ erreichte sie auch ihren größten Charterfolg: Platz 2 im Vereinigten Königreich. Fünf Jahre später sang sie den Titelsong zu „Der Mann mit dem goldenen Colt“ mit Roger Moore. Das Lied kam nicht gut an: Es ist bis heute der einzige Bond-Song, der weder im UK noch in den USA in die Charts einstieg.

Auch danach gab es noch Berührungspunkte zwischen ESC und 007: Vom Song „Do You Know How Christmas Trees Are Grown?“, der 1969 in „Im Geheimdienst ihrer Majestät“ zu hören war, gab es auch zwei fremdsprachige Fassungen – die französische wurde von Isabelle Aubret gesungen (Siegerin des ESC 1962), die deutsche von Katja Ebstein (ESC-Teilnehmerin 1970, 1971 und 1980). Morten Harket, der mit seiner Band a-ha 1987 einen Bond-Song beigesteuert hatte („The Living Daylights“, „Der Hauch des Todes“), moderierte 1996 den ESC in Oslo. Und „Rise Like A Phoenix“, Conchitas Siegertitel von 2014, wurde vielfach mit den James-Bond-Songs von Shirley Bassey verglichen.

ESC. Eine Zeitreise

12. Februar 1950 Gründung der European Broadcasting Union (EBU) in Torquay, England.

24. Mai 1956 Erster Eurovision Song Contest in Lugano, Schweiz. Es gewinnt Lys Assia (Schweiz) mit „Refrain“.

5. März 1966 Bei seiner dritten Teilnahme in Folge gewinnt Udo Jürgens mit „Merci, Chérie“ endlich den ESC für Österreich.

29. März 1969 Weil es keine Regeln gibt, wie bei Punktgleichheit verfahren werden soll, hat der ESC in Madrid vier Siegertitel.

6. April 1974 Beim Song Contest in Brighton, England, gewinnt das schwedische Quartett ABBA.

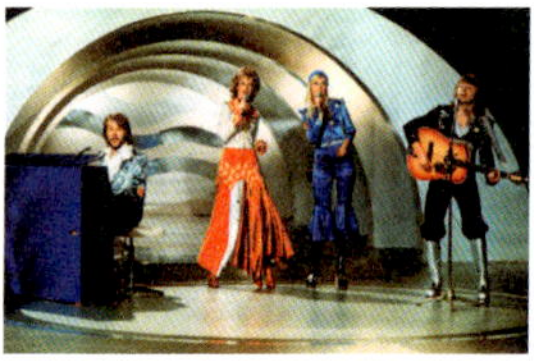

24. April 1982 Im englischen Harrogate gewinnt die 17-jährige Nicole mit „Ein bisschen Frieden“ zum ersten Mal den ESC für Deutschland.

30. April 1988 Die Kanadierin Céline Dion, die für die Schweiz antritt, gewinnt den ESC in Dublin.

23. Mai 1991 Lena Meyer-Landrut wird in Hannover geboren.

18. Mai 1996 ....

In Oslo gewinnt Irland zum siebten und bis heute letzten Mal den ESC. Vier Mal hatte das Land allein in den letzten fünf Jahren gewonnen. Gleichzeitig ist es der einzige Song Contest, an dem Deutschland nicht teilnimmt.

26. Februar 1998 ....

In der Bremer Stadthalle gewinnt Guildo Horn mit überwältigender Mehrheit den deutschen Vorentscheid. Es ist der Beginn der Ära Stefan Raab.

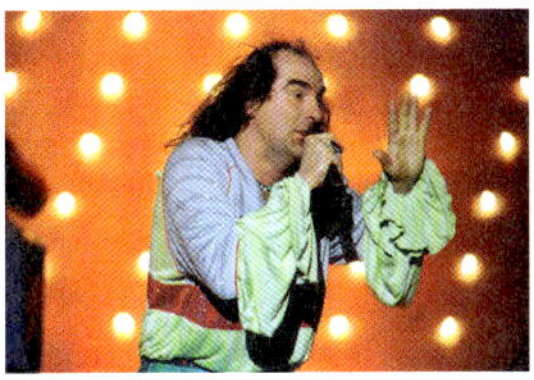

12. Mai 2001 ....

Mit Estland gewinnt erstmals ein Land der ehemaligen Sowjetunion den ESC. Bis 2012 folgen vier weitere (Lettland, Ukraine, Russland, Aserbaidschan).

29. Mai 2010 ....

In Oslo gewinnt Lena Meyer-Landrut mit „Satellite" den ESC für Deutschland.

10. Mai 2014 ....

In Kopenhagen gewinnt Conchita Wurst mit „Rise Like A Phoenix" den ESC für Österreich.

13. Mai 2017 ....

53 Jahre nach der ersten Teilnahme gewinnt Portugal mit Salvador Sobral erstmals den Song Contest.

18. März 2020 ....

Wegen der weltweiten Corona-Pandemie wird der für Mai geplante Song Contest in Rotterdam von der EBU abgesagt.

14. Mai 2022 ....

In der Olympischen Eishockeyhalle von Turin findet das Finale des 66. Eurovision Song Contests statt.

Ein Buch mit 24 Siegeln

Wer Ralph Siegel interviewt, muss viel Zeit mitbringen: Der Mann kann einem wirklich die Geschichte und Platzierung zu jedem Beitrag aufzählen, den er je für einen Song Contest komponiert hat – und das sind viele.

Nach zwei erfolglosen Versuchen im deutschen Vorentscheid durfte er 1974 für Luxemburg ran, wo man immer auf der Suche nach ausländischen Leiharbeitskräften war: Die Britin Irene Sheer trug deshalb einen Song namens „Bye, Bye, I Love You" vor, dessen Text bis auf die Titelzeile komplett auf Französisch verfasst war, was der deutsche Songtexter Michael Kunze offenbar mal in der Schule gelernt hatte. Es reichte für einen vierten Platz.

Für den Vorentscheid 1979 stellte Siegel die Gruppe Dschinghis Khan zusammen. Deren gleichnamiges Lied, das maximal holzschnittartig das Leben des Mongolenfürsten und Massenmörders referierte, kam beim Publikum gut an und belegte beim ESC in Jerusalem den 4. Platz.

„Dschinghis Khan" und „Theater" im Folgejahr zeigen Siegel auf dem Höhepunkt seines Schaffens:

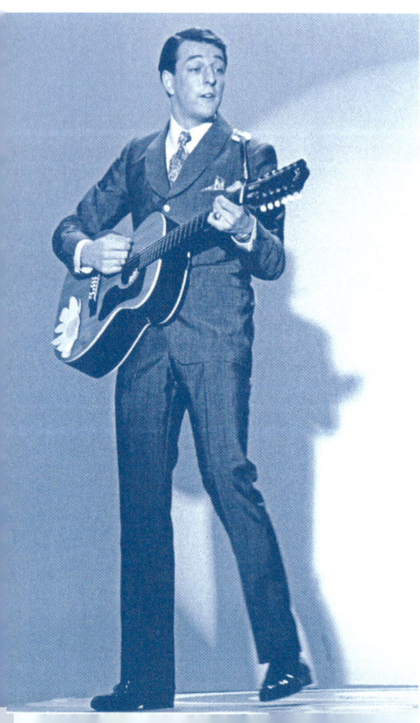

Siegel hat mit Abstand die meisten ESC-Songs geschrieben: Insgesamt 24 seiner Kompositionen kamen beim Song Contest zur Aufführung; der umtriebige Schwede Thomas G:son bringt es bisher auf 14, der „russische Ralph Siegel" Philipp Kirkorow auf sieben.

Melodien, die sofort ins Ohr gehen, aber doch nicht total schlicht sind; die das Grundmotiv so oft wiederholen, dass man es danach den ganzen Tag nicht mehr loswird, aber zwischendurch die Komplexität streifen. Er sollte diese Formel noch oft wiederholen – zunächst mit steigendem Erfolg.

Wenn man küchenpsychologisch annimmt, dass es dem Münchener darum ging, seinen eigenen Vater Ralph Maria Siegel zu übertreffen, der 1957 den Text zu Margot Hielschers Grand-Prix-Beitrag „Telefon, Telefon" (Platz 4) geschrieben hatte, hätte er sich spätestens 1980 zur Ruhe setzen können. Da errang Katja Ebstein mit „Theater" nämlich Platz 2 – aber jetzt wollte er natürlich den Sieg, den er schließlich 1982 mit Nicole feiern konnte. Doch danach war noch lange nicht Schluss: Zwischen 1983 und 2003 schickte Deutschland neun und Luxemburg einen Siegel-Titel zum Song Contest (einmal Zweiter, zweimal Dritter), weitere 19 scheiterten im Vorentscheid (1986 stammte gleich ein Drittel der zwölf potentiellen ESC-Songs von ihm). Siegel, der die meisten Songs mit seinem Stamm-Texter Bernd Meinunger schrieb, sah den ESC immer als „Komponisten-Wettbewerb" und litt öffentlich darunter, dass es immer mehr auf die Inszenierung ankam. „Let's Get Happy" von Lou war 2003 Siegels letzter Grand-Prix-Beitrag für sein Heimatland, aber es kamen noch sieben weitere hinzu (je einmal Schweiz und Montenegro, fünf Mal San Marino). Sein bisher letzter ESC-Song, „Spirit Of The Night" für San Marino, scheiterte 2017 im Halbfinale.

Eine gewisse Verbissenheit zeigt Siegel auch, wenn es darum geht, die eigenen Verdienste zu wahren: Nachdem Lena 2010 in Oslo mit dem Song „Satellite" von Julie Frost (USA) und John Gordon (Dänemark) gewonnen hatte, erklärte Ralph Siegel, dass „Ralph Siegel noch immer der einzige deutsche Komponist ist und bleibt, der den ESC je gewonnen hat". Niemand traute sich, ihm zu sagen, dass „Après toi", der Song, mit dem Vicky Leandros 1972 für Luxemburg gewonnen hatte, unter anderem aus der Feder des deutschen Komponisten Klaus Munro stammte.

Ein bisschen Frieden

Manchmal hat man als Musikproduzent Glück und es kommt einfach alles zusammen: das unschuldige Mädchen mit den blonden Locken, die weiße, zwölfsaitige Westerngitarre, das Puppenkleid und eine militärische Auseinandersetzung zur rechten Zeit.

Zwischen dem deutschen Vorentscheid am 20. März 1982 und dem Song Contest im britischen Harrogate am 24. April hatten sich Argentinien und Großbritannien in den Falklandkrieg hineingesteigert, was dem ESC-Beitrag der 17-jährigen Nicole Hohloch aus Saarbrücken, „Ein bisschen Frieden", eine gewisse zusätzliche Dringlichkeit verlieh.

Zur Entstehung ihres Opus magnum haben die beiden Hauptverantwortlichen zwei leicht voneinander abweichende Entstehungsgeschichten anzubieten: Komponist Ralph Siegel erinnert sich, er habe ein Friedenslied schreiben wollen, „das ein bisschen herzlich ist, das ein bisschen ruhiger ist". Woraufhin Textautor Bernd Meinunger zu ihm sagte: „Jetzt hast du zum sechzehnten Mal ‚ein bisschen' gesagt, lass uns doch ‚Ein bisschen Frieden' schreiben!" Meinunger wiederum erzählt, Siegel habe unbedingt ein Friedenslied schreiben wollen, er, Meinunger, aber auf gar keinen Fall, bis er sich irgendwann auf „höchstens ein bisschen Frieden" einließ.

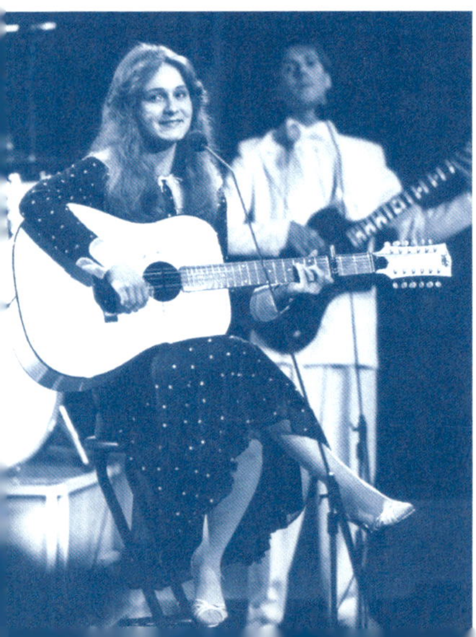

Wie dem auch sei: Zwischen NATO-Doppelbeschluss und Hofgarten-Demos hatte das Thema „Frieden" auch vor dem Falklandkrieg schon in der Luft gelegen wie sonst nur Tränengas. Zwar erzählte Nicole nach dem ESC der „Bravo", Politik interessiere sie nicht, aber da hatte sie den Preis ja schon gewonnen.

Nicole hatte lange warten müssen, bis sie „Ein bisschen Frieden" als letzten der 18 Songs des Abends vortragen durfte. Dafür war der Abstand zur Punktevergabe erfreulich kurz, bei der Deutschland aus allen teilnehmenden Ländern Punkte bekam, darunter 12 aus Israel, wie Nicole auch heute noch ehrfürchtig hervorhebt.

Zur Siegesperformance trug Nicole ihr „kleines Lied" auf Deutsch, Englisch, Französisch und Niederländisch vor, was dem aus heutiger Sicht höflichem, aber nicht enthusiastischem Publikum mehrere Zwischenappläuse abrang. Mit der englischsprachigen Version „A Little Peace" landete sie sogar für zwei Wochen an der Spitze der britischen Charts und trat im August vor israelischen Soldat*innen in Tel Aviv auf.

Nicole begann eine grundsolide Karriere, ohne je Gefahr zu laufen, dabei zu hoch zu fliegen. Ralph Siegel hatte Blut geleckt. Und der Bayerische Rundfunk sah sich mit der Aufgabe konfrontiert, eine Fernsehshow auszurichten, die Deutschland international repräsentiert.

Es gelang ganz gut, wenn man sich unter „Deutschland" vor allem Berge, Lederhosen und die Glühfaden-verarbeitende Industrie vorstellt, denn der ESC von 1983 bestach mit sehr, sehr vielen bayerischen Impressionen und einem Bühnenbild mit 69.300 Glühbirnen. In Erinnerung blieb auch Marlene Charell, die sich dreisprachig durch den Abend moderierte und vor jedem Beitrag erklärte: „The conductor, le chef d'orchestre, es dirigiert ...". An den Siegertitel, „Si la vie est cadeau" aus Luxemburg, erinnern sich dagegen nur die allergrößten ESC-Fans.

Viel Wind um Wind

Der ESC sei, so betonen auch heute noch einige (allen voran: frustrierte Komponisten), ja „eigentlich ein Komponisten-Wettbewerb“. Trotzdem wird niemand bestreiten, dass es schon immer etwas mehr als nur ein gutes Lied brauchte. 1957 hatte die Deutsche Margot Hielscher das erste Requisit dabei: ein Telefon – passend zu ihrem Titel „Telefon, Telefon“.

1963 setze Frankreich erstmalig ein Gerät ein, das über Jahrzehnte das Bild des Song Contest prägen sollte: die Windmaschine. Damals war sie allerdings nicht dazu gedacht, dem Sänger Alain Barrière das perfekt pomadisierte Haupthaar zur verwehen, sondern Haare und Kleid seiner Tänzerin.

Zur inoffiziellen „Königin der Windmaschine“ wurde die Schwedin Carola, die nicht nur ihren Siegertitel 1991, das passend betitelte „Fångad av en stormvind“ („Gefangen im Sturm“) mit viel bewegter Luft anreicherte, sondern auch ihren Comeback-Versuch 2006 („Invincible“). Immerhin verfügte sie über ausreichend Selbstironie, um sich bei einem Auftritt als Interval Act beim Song Contest 2013 in Malmö von der Bühne pusten zu lassen.

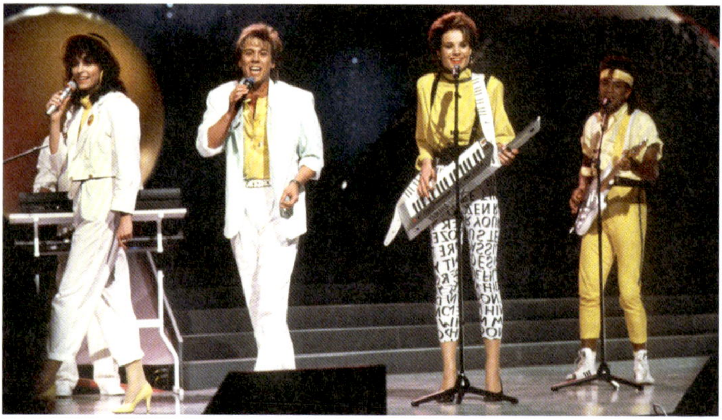

Dieses Glück hatten die No Angels nicht: Als sie 2008 ihr Lied „Disappear" vortrugen, waren ihre wallenden Gewänder der einzige Grund, der Überschriften wie „Mit wehenden Fahnen untergegangen" rechtfertigte.

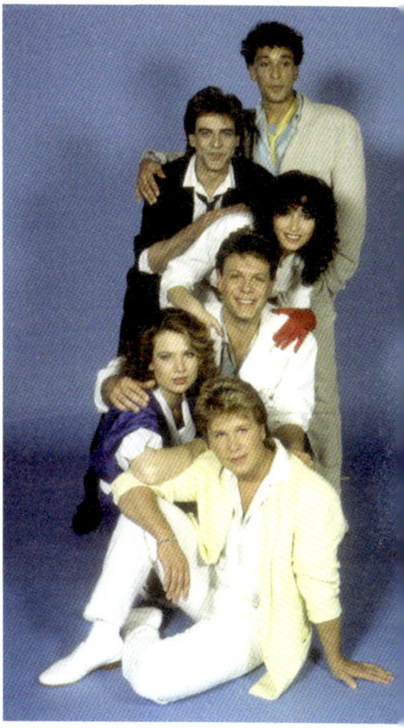

Sehr viel erfolgreicher war Deutschland da mit einer Band, die fast immer als „die Gruppe Wind" anmoderiert wird. Zusammengebaut in den Büros von Ralph Siegels Plattenfirma Jupiter Records erschien die Band 1985 plötzlich auf der Bildfläche, als Hanne Haller, eine der wenigen Komponistinnen in der Schlagerbranche, das Lied „Für alle" schrieb. Mit dem Refrain hätte die Band auch locker beim Evangelischen Kirchentag in Düsseldorf reüssieren können, doch es wurde erst der deutsche Vorentscheid in München und dann der Song Contest in Göteborg, bei dem die Band den zweiten Platz belegte.

Als Wind 1987 wieder beim deutschen Vorentscheid antraten, hatten sie bereits erste Personalwechsel hinter sich. Ihr Lied „Lass die Sonne in Dein Herz" kam diesmal direkt aus der Feder von Ralph Siegel. Weil die 1980er Jahre sowieso nicht zum besten Jahrzehnt des Wettbewerbs gehören, reichte es damit nochmals zum zweiten Platz – das hatte noch niemand geschafft! Mit dabei auf der Bühne: Rob Pilatus, der ein Jahr später mit Milli Vanilli sehr kurzzeitig Weltkarriere machen sollte.

1992, die Besetzung hatte sich abermals geändert, traten Wind zum dritten Mal für Deutschland an: Ralph Siegel und Bernd Meinunger hatten ihnen ein Lied namens „Träume sind für alle da" geschrieben, dessen Titel bereits erahnen lässt, wie allgemeingültig es klang. Ein enttäuschender 16. Platz war die Folge – und ein guter Grund, es noch ein paar Mal zu probieren: 1998 und 1999 nahmen Wind noch einmal am deutschen Vorentscheid teil, doch die Luft war raus.

Her Art will go on

Die Frage, warum ausgerechnet eine Kanadierin für die Schweiz singen muss, beschäftigte sogar das schweizerische Parlament: Der nationalistische Abgeordnete Markus Ruf stellte sie im Juni 1988, anhängig der Frage, ob die Regierung bereit sei, „entsprechende Schritte“ zu unternehmen, damit die Schweiz beim Song Contest fürderhin nur noch mit „echten Schweizer Beiträgen“ teilnehmen wird.

Bemerkenswert ist – neben dem stumpfen Nationalismus und dem ersehnten Eingriff in die Kunstfreiheit – vor allem: Mit Hilfe der „kanadischen Sängerin“ hatte die Schweiz die Veranstaltung gewonnen. Zum ersten Mal seit der Premiere 32 Jahre zuvor. Bundesrat Adolf Ogi antwortete, dass das Reglement vorsehe, dass „Texter oder Komponist aus dem Teilnehmerland stammen müssen“, was mit der Textdichterin Nella Martinetti aus dem Tessin abgegolten sei. Thema erledigt – zumal es in den ESC-Regelwerken auch keine Belege gibt, dass eine solche Anforderung je existiert hätte.

Tatsächlich war es eine interessante Idee, eine 20-jährige Franko-Kanadierin aus Québec zu verpflichten, die zwar schon acht Studioalben veröffentlicht hatte, aber außerhalb Kanadas nahezu unbekannt war. Andererseits war ihr Star-Appeal damals schon unbestreitbar und so spielte es im weiteren Verlauf ihrer Weltkarriere keine große Rolle mehr, dass sie 1988 auch mal den Eurovision Song Contest gewonnen hatte.

Ihr Siegerlied „Ne partez pas sans moi“ sang sie nur noch ein einziges Mal: Im Rahmenprogramm des folgenden Song Contests in Lausanne. Dann schickte sie sich an, rund 200 Millionen Tonträger zu verkaufen, 1.142 Shows in Las Vegas zu spielen und in den Kreis der erfolgreichsten und bestbezahlten Acts aller Zeiten aufzusteigen.

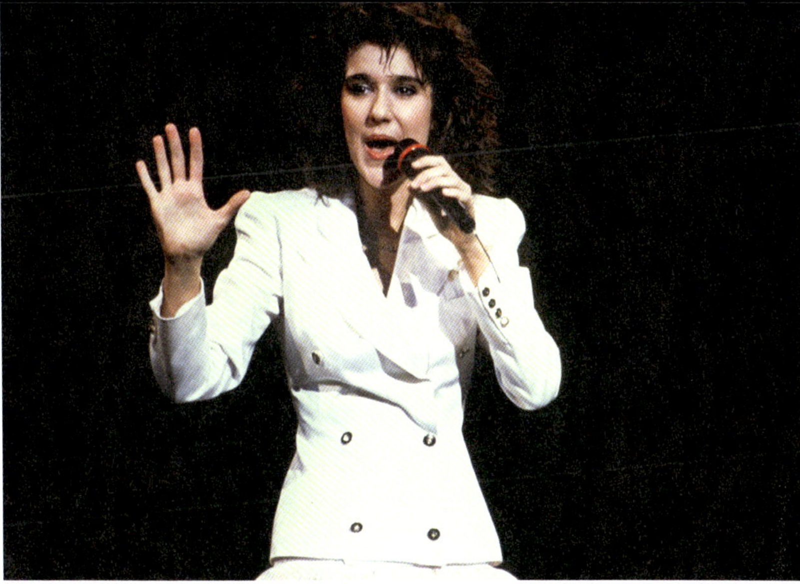

Warum die „kanadische Sängerin“ die richtige Wahl war, erklärte der Komponist Atilla Şereftuğ Jahre später: Er habe, nachdem er 1986 mit „Pas pour moi“ den 2. Platz für die Schweiz geholt hatte, eigentlich gar nicht mehr am Song Contest teilnehmen wollen, aber sein Produzent Urs Peter Keller spielte ihm eine Reihe von Frauenstimmen vor, um ihn umzustimmen. Nach wenigen Sekunden schon entschied er sich für Céline Dion, aber Keller hatte Zweifel, weil er die Frau mit der schönen Stimme für nicht fernsehtauglich hielt. Dions Management lehnte zunächst ab, aber Şereftuğ blieb beharrlich, schrieb „Ne partez pas sans moi“ laut eigener Aussage in neun Minuten und schickte das Demoband nach Kanada. Der Rest ist Geschichte.

1998 wurde Céline Dion zur bis heute einzigen Person, die den ESC und einen Oscar gewonnen hat – wobei Puristen anmerken werden, dass sowohl der Grand Prix der Eurovision als auch der Academy Award für den besten Song namentlich an die Personen geht, die das entsprechende Lied verfasst haben (was weder bei „Ne partez pas sans moi“ noch bei „My Heart Will Go On“ auf Madame Dion zutrifft), aber bitte: Wer hat die Lieder denn zu dem gemacht, was sie sind?!

Währenddessen im Osten

Viele ESC-Fachleute vertreten die These, dass die Veranstaltung von Anfang an das Ziel hatte, eine „westliche Kultur“ zu propagieren, um Westeuropa im „Kulturkampf“ gegen die Sowjetunion und ihre Verbündeten zu vereinen.

1961, fünf Jahre nach dem ersten ESC, fand in Polen das erste Sopot Festival statt (verwirrenderweise nicht in Sopot selbst, sondern im benachbarten Danzig), bei dem auch Sänger*innen aus westlichen Ländern auftreten durften: Für die BRD trat Ralph Bendix an, für die DDR Bärbel Wachholz. Den Sieg trug – in einer überraschenden Wiederholung der Ereignisse – die Schweiz davon: Jo Roland überzeugte die Jury mit „Nous deux“.

1965, als der Song Contest erstmalig in der Sowjetunion übertragen wurde, dachte die EBU sogar über eine Art europäischen Supercup nach, bei dem die Sieger*innen von ESC und Sopot gegeneinander antreten sollten. Da der Fortbestand des ESC zu dieser Zeit noch unklar war, verlief sich die Idee aber rasch im Sande.

Von 1977 bis 1980 fand das Sopot Festival als „Intervision Song Contest“ statt, benannt nach dem Programmaustausch, den die Länder des sogenannten Ostblocks 1960 nach Vorbild der Eurovision ins Leben gerufen hatten. Für die DDR traten in dieser Zeit u. a. Frank Schöbel, Michael Hansen & die Nancies und Ute Freudenberg in Sopot an. Von 1981 bis 1983 fiel die Veranstaltung aus, weil in Polen das Kriegsrecht ausgerufen wurde, danach kehrte zwar das Sopot Festival zurück, nicht aber der Intervision Song Contest.

Schon 1987 hatte die Sowjetunion im Zuge der Perestrojka über eine Teilnahme am ESC nachgedacht, war dann aber erstmal mit dem eigenen Zerfall beschäftigt. 1994 schließlich traten Estland

Litauen und Russland erstmalig beim Song Contest an, ebenso wie Ungarn, Polen (das direkt den 2. Platz belegte, die bis heute beste Platzierung des Landes), Rumänien und die Slowakei. Russland belegte mit der Sängerin Youddiph einen respektablen 9. Platz, der aber im Land eher als Niederlage gewertet wurde.

Im Folgejahr wollte der Sender deshalb auf Nummer sicher gehen, indem er mit Filipp Kirkorow einen der größten Stars des Landes schickte. Es zeigte sich, dass die Kulturtraditionen, auf die man in Russland sehr stolz war, beim westlichen Publikum, das eher an MTV gewöhnt war, nicht so recht verfingen. Kirkorows Auftritt mit Lockenmähne und Goldketten unterm weit aufgeknöpften Hemd, bei dem er abwechselnd an der Kamera vorbei- oder mit weit aufgerissenen Augen und großen Gesten direkt hineinsang, zwischendurch eine einzelne Pirouette drehte und am Ende auf die Knie sank, war jedenfalls von allem zu viel und wurde von den Jurys nur mit einem 17. Platz gewürdigt (Deutschland wurde Letzter).

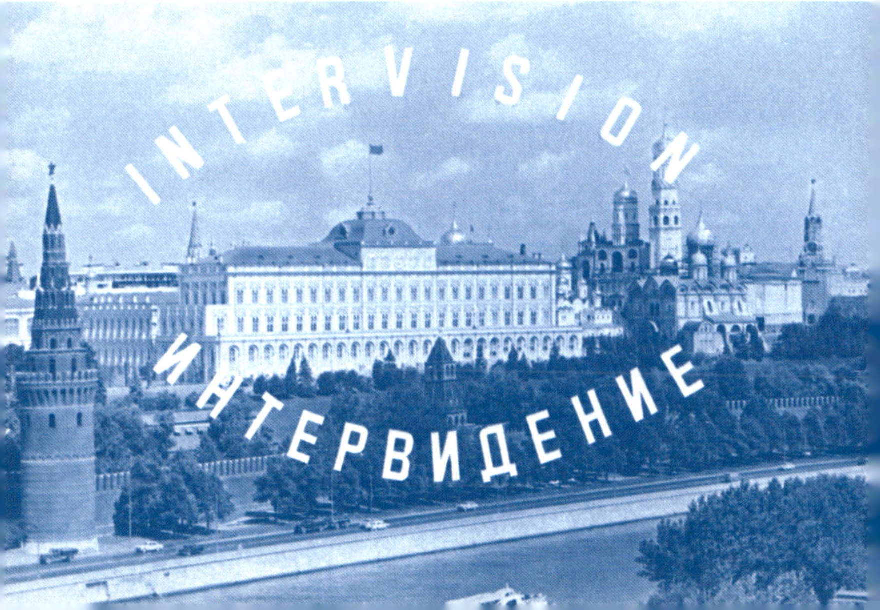

1993: Mein erster Grand Prix

Ich weiß nicht, ob Dagmar Frederic sich noch daran erinnert, dass sie mal eine Sendereihe im Ersten Deutschen Fernsehen moderiert hat, die „Meine Show" hieß. Ich habe sicherheitshalber noch mal im Internet nachgeschaut, aber ja: Die gab es, wenn auch nur acht Ausgaben lang.

In einer dieser Ausgaben, in den Osterferien des Jahres 1993, trat die Münchener Freiheit auf und ohne diesen Auftritt müssten Sie gerade wahrscheinlich ein anderes Buch lesen. Die Münchener Freiheit war nämlich damals die Lieblingsband eines neunjährigen Jungen, der in Dinslaken, an der Grenze von Ruhrgebiet und Niederrhein, lebte. Der Mitteldeutsche Rundfunk hatte die Popband auserkoren, Deutschland beim Eurovision Song Contest zu repräsentieren. Und die Premiere ihres Wettbewerbsbeitrags fand bei Dagmar Frederic statt.

Ich durfte lange aufbleiben und als nun endlich der Moment der Vorstellung des deutschen Beitrags gekommen war, wusste

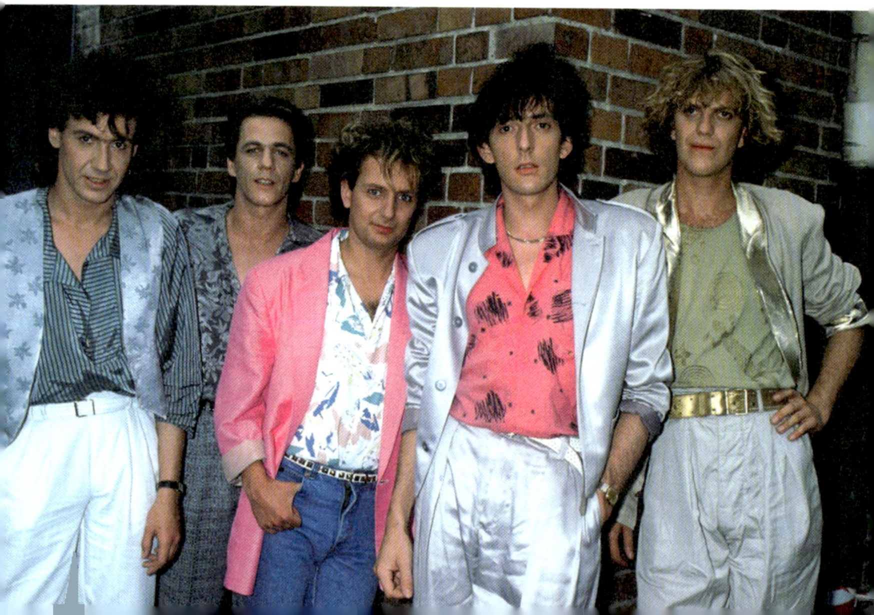

ich schon als Neunjähriger, dass „Viel zu weit“ nicht so gut wie „Ohne dich (schlaf ich heut Nacht nicht ein)“ oder „So lang’ man Träume noch leben kann“ war. Aber für so ein europäisches Wettsingen sollte es reichen, dachte ich – immerhin hatte Deutschland bei den letzten internationalen Fußballturnieren jeweils im Finale gestanden und 1990 sogar gewonnen.

Ja, ich durfte auch am 15. Mai lange aufbleiben, um den gesamten Song Contest zu gucken. Nein, ich kann nicht behaupten, dass mir irgendein Beitrag in Erinnerung geblieben wäre. Aber die Punktevergabe, dieses damals noch stark Richtung Unendlichkeit ausgedehnte Prozedere, bei dem Menschen über schlechte Videoverbindungen Ländernamen und Zahlen in vielen, mir allesamt noch unbekannten Sprachen vortrugen, die riss mich aus dem Halbschlaf.

Die Begeisterung hielt erst mal nicht lang: Ich begriff nicht, warum so ein schrecklicher Song wie „Wir geben ’ne Party“ (MeKaDo, 1994) Platz 3 belegte und damit so viel besser ankam als die Münchener Freiheit (Platz 18). Ich war frustriert, weil Deutschland immer so schlecht abschnitt (oder gar nicht erst teilnehmen durfte), so dass ich schnell das Interesse verlor. Guildo Horn und Stefan Raab waren dann die Ereignisse, über die ich mich erstmals auch mit anderen in der Schule unterhalten konnte, aber inzwischen hatte ich einen eigenen Musikgeschmack entwickelt und betrachtete den Song Contest, wie so viele, mit Konträrfaszination.

Auch als der Medienjournalist Stefan Niggemeier, in dessen Blog ich ein paar altkluge Kommentare hinterlassen hatte, im Jahr 2007 fragte, ob ich Lust hätte, mit ihm alle 42 Beiträge im Vorfeld zu besprechen, war es eher Häme, die aus meinen Kurzrezensionen tropfte, als irgendetwas anderes. Es brauchte schon die Erfahrung vor Ort, die Ästhetik des Erhabenen (Licht! Lautstärke! Pyrotechnik!), um bei mir das auszulösen, was Ireen Sheer 1978 in einem der erfolgreicheren deutschen ESC-Beiträge (Platz 6 in Paris) besungen hatte: „Feuer brennt nicht nur im Kamin/ Feuer brennt doch auch in mir drin“.

Die irische Regentschaft

Drei Mal schon hatte ein Land zwei Grands Prix in Folge gewonnen: Spanien 1968 und 69, Luxemburg 1972 und 73 und Israel 1978 und 79. Bisher hatten diese „Heimspiel-Sieger" aber immer Möglichkeiten gefunden, die Ausrichtung eines weiteren Song Contests auf ein anderes Land (1970 und 80: Niederlande, 1974: Vereinigtes Königreich) abzuwälzen – zu umständlich und vor allem teuer wäre es gewesen, gleich zwei dieser Großveranstaltungen hintereinander abzuhalten. Entsprechend groß war die Überraschung, als RTÉ, der irische ESC-Sender, nach dem Heimsieg 1993 in der Reitsporthalle von Millstreet ankündigte, auch im folgenden Jahr den Contest ausrichten zu wollen.

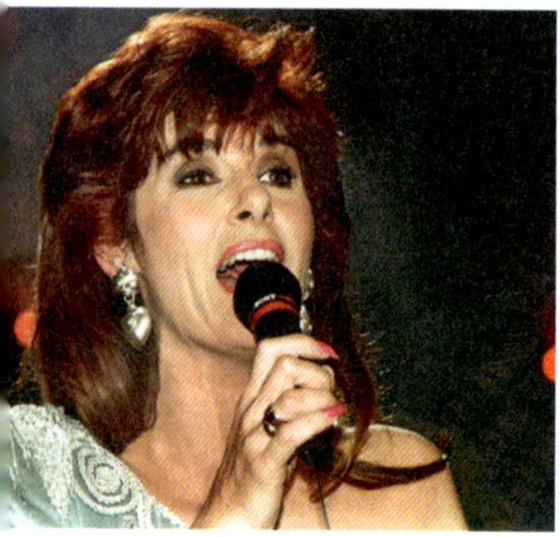

Linda Martin singt ihren Siegertitel „Why me?".

Womit niemand rechnen konnte: Auch am Ende der Show in Dublin hieß der Sieger Irland. Nach Linda Martin („Why Me?", 1992) und Niamh Kavanagh („In Your Eyes", 1993) konnten Paul Harrington & Charlie McGettigan (hieß „Rock 'n' Roll Kids", klang aber nicht so, 1994) die Jurys vom irischen Liedgut überzeugen – wobei man aus heutiger Sicht wirklich sagen muss: Wenn das der beste Song des Abends war, möchte man die anderen gar nicht hören!

Drei Siege in Folge, drei Ausrichtungen in Folge – damit hatte sich Irland schon einen Platz in allen ESC-Annalen gesichert, aber es sollte noch wilder kommen: Nachdem 1995 (versehentlich?) Norwegen gewonnen hatte (mit „Nocturne", einem Song, der so ätherisch und irisch klang, dass die Jurys ihn mutmaßlich einfach für den irischen Beitrag hielten), hieß der Sieger 1996 wieder Irland. Mit insgesamt sieben Siegen, davon vier in den letzten fünf Jahren, lag Irland in der Liste der erfolgreichsten ESC-Länder nun deutlich vor Frankreich und Luxemburg, die damals als einzige Nationen fünf Siege aufweisen konnten.

Es war genau die Zeit des Friedensprozesses in Nordirland, bei dem sich Irland, das Vereinigte Königreich und die Parteien Nordirlands schließlich im Karfreitagsabkommen von 1998 auf ein Ende der Jahrzehnte währenden Gewalt einigten. Aber ob das jetzt die Jury-Mitglieder von den Niederlanden bis in die Türkei, von Estland bis in die Schweiz dazu animierte, der Republik Irland 12 Punkte zu geben?

Fest steht: Eimear Quinns Sieg 1996 war der Anfang vom Ende des irischen Zaubers, denn nach einem 2. Platz 1997 folgte eine mindestens ebenso bemerkenswerte Misserfolgsserie, in deren Folge das Land nur noch drei Top-Ten-Platzierungen ergatterte, dafür aber neun Mal im Halbfinale scheiterte und zwei Mal Letzter wurde.

DIE REKORDSIEGER:

7: **Irland: 1970, 1980, 1987, 1992, 1993, 1994, 1996**
6: **Schweden: 1974, 1984, 1991, 1999, 2012, 2015**
5: **Frankreich: 1958, 1960, 1962, 1969, 1977**
Luxemburg: 1961, 1965, 1972, 1973, 1983
Vereinigtes Königreich: 1967, 1969, 1976, 1981, 1997
Niederlande: 1957, 1959, 1969, 1975, 2019
4: **Israel: 1978, 1979, 1998, 2018**
3: **Norwegen 1985, 1995, 2009**
Dänemark: 1963, 2000, 2013
Italien: 1964, 1990, 2021
2: **Spanien: 1968, 1969**
Schweiz: 1956, 1988
Deutschland: 1982, 2010
Österreich: 1966, 2014
Ukraine: 2004, 2016

Das Jahr ohne Deutschland

1996 warnte ein junger Mann namens Leon in seinem Lied „Planet Of Blue“ vor den Folgen der globalen Erwärmung, doch seine Mahnungen blieben ungehört.

Es gibt nur einen Grund, warum sich irgendjemand an diesen Techno-Schlager erinnern kann: Es wäre der deutsche ESC-Beitrag gewesen in jenem Jahr, als Deutschland zum einzigen Mal nicht am Finale des Eurovision Song Contest teilnahm.

Weil es nach dem Zerfall der Sowjetunion und Jugoslawiens immer mehr Länder mit EBU-Mitgliedschaft gab, die es zum ESC zog, musste sich die Rundfunkunion etwas einfallen lassen. Nachdem man mit einem eigenen osteuropäischen Vorentscheid (1993) und dann mit einer Zwangspause für die erfolglosesten Länder des Vorjahres (1994/95) experimentiert hatte, sollten es nationale Jurys richten, die schon vor dem eigentlichen Finale in Oslo am 18. Mai einmal das komplette Starterfeld bewerten und so die Spreu von der anderen Spreu trennen sollten.

Das war für Deutschland eigentlich gut, denn nach dem letzten Platz 1995 hätte es gemäß der bisher geltenden Regeln pausieren müssen. Doch „Planet Of Blue“ schnitt bei den Jurys so schlecht ab, dass es vorab aussortiert und vom Finale ausgeschlossen wurde.

Diese Absage kam bei der ARD nicht gut an: Der Song Contest 1996 wurde nur im NDR Fernsehen live ausgestrahlt. Das hatte natürlich Auswirkungen auf die Einschaltquote und damit auf den Wert der Veranstaltung. Die EBU interpretierte das Muskelspiel der beleidigten Deutschen richtig und ließ sich auf einen gefährlichen Deal ein: Deutschland, Frankreich, Spanien und das Vereinigte Königreich, die nicht nur über die größten Publikumszahlen verfügten, sondern auch das meiste Geld beisteuerten, sollten immer automatisch im Finale dabei sein. Es war die Geburtsstunde der „Big 4“, die 2011 mit Italien zu den „Big 5“ wurden.

Für Sie am Mikrofon

Als Peter Urban 1997 seinen ersten Song Contest kommentierte, war er im Sendegebiet des NDR-Hörfunks als ausgewiesener Experte für Rock- und Popmusik bekannt. Er hatte in tausenden Stunden die ganze Palette zeitgenössischer Musik gespielt und die Größen des Musikbusiness interviewt, sogar über die Texte von Rocksongs promoviert. Entsprechend haderte er zunächst, als der zuständige Redakteur Jürgen Meier-Beer ihm die Aufgabe antrug. Er entschied sich schließlich doch dafür, war von der musikalischen Qualität einzelner Beiträge überrascht und wurde in der Folge im Rest der Bundesrepublik als ESC-Kommentator berühmt.

An der Aufgabe, dem deutschen TV-Publikum die Veranstaltung, das Gastgeberland und das Liedgut aus allen Ecken Europas nahezubringen, hatten sich zu diesem Zeitpunkt schon viele Leute versucht. Die Liste ist gleichermaßen illuster wie eklektisch und umfasst neben seriösen Journalisten wie Hanns Joachim Friedrichs und Claus-Erich Boetzkes sowie den „Tagesschau"-Sprechern Werner Veigel und Jan Hofer auch Thomas Gottschalk, Fritz Egner und Max Schautzer, die je eine Ausgabe des Song Contests so routiniert wegmoderierten wie all ihre anderen Sendungen. Dann kam Peter.

Seit 2013 sitze ich beim Eurovision Song Contest neben ihm und das bedeutet, dass wir sechs Tage in einer kleinen, kalten Kabine verbringen, die auf einem wackligen Gerüst in einer großen, dunklen Halle in einer ansonsten sicherlich sehr sehenswerten Stadt steht. Wir schauen uns die Durchlaufproben an, tauschen uns zu den Songs und ihren Inszenierungen aus und dann sitzt Peter am Tag der Liveshows in seinem Hotelzimmer und arbeitet bis zuletzt an seinen Texten, während ich zumindest ein paar Stunden Sightseeing betreibe. Bei seinem ersten Einsatz hatte er sich nur einzelne Notizen zu den Acts ins Programmheft geschrieben und schnell festgestellt, dass eine genau getaktete Fernsehshow doch anders funktioniert als eine Musiksendung im Radio. Deswegen ist er seitdem immer bestens vorbereitet.

Terry Wogan, der den Song Contest von 1972 bis 2008 fast jedes Jahr für die BBC kommentierte, prägte mit den Jahren einen eigenen Stil, der im Wesentlichen daraus bestand, sich wirklich über alles (und alle) zu erheben, was die Show ausmacht. Man kann es ihm, vor allem angesichts der schrecklichen 1980er und 90er Jahre, die er zu betexten hatte, nicht verübeln, aber sein Verhalten trug wesentlich dazu bei, dass die Briten heute immer noch denken, der ESC sei eine bescheuerte Quatschveranstaltung, und entsprechende Beiträge entsenden.
Als der beliebte Talkmaster Graham Norton 2009 Wogans Job als BBC-Kommentator übernahm, erzählte er, sein Vorgänger habe ihm nur einen einzigen Ratschlag gegeben: Er solle nicht vor dem fünften Beitrag anfangen, Alkohol zu trinken.

Die Frage, wie ernst man diese Veranstaltung nehmen soll, treibt auch die anderen Nationen seit jeher um. Viele von den Kommentatoren (und es sind wirklich fast ausschließlich Männer), die wir jedes Jahr im Rahmen des Song Contests vor Ort treffen, kommen aus dem Radio- oder Unterhaltungsbereich. Unsere deutschsprachigen Kollegen sind Andi Knoll aus Österreich, der mit Unterbrechungen seit 1999 beim ESC dabei ist, und Sven Epiney aus der Schweiz, der seit 2008 jedes Jahr dabei ist. Sie alle müssen in den 40 Sekunden zwischen den einzelnen Auftritten etwas zum Act und zum Song sagen, die zweisprachigen Texte der eigentlichen Moderator*innen in die Landessprache übersetzen (was nur bedingte Simultandolmetsch-Fähigkeiten erfordert, weil die meisten Texte vorab feststehen und schriftlich vorliegen) und bei der Punktevergabe den Überblick behalten.

Da wusste natürlich früher schon jeder Willi zuhause, wie man es besser macht, heute kommen all die Leute auf Twitter hinzu.

Von Alkohol in der Kommentatorenkabine würde ich übrigens abraten: Nicht nur wegen dessen Auswirkungen auf die Aussprache, sondern auch, weil die Toiletten meist sehr weit weg sind.

POPULÄRER IRRTUM

Peter Urban ist der dienstälteste ESC-Kommentator

Peter Urban ist seit 1997 dabei. Im Jahr 2009 musste er wegen einer Hüft-OP passen, Tim Frühling sprang für ihn ein. 2017 war also sein 20. ESC und seitdem kann man in den Medien immer wieder lesen, Peter sei der dienstälteste ESC-Kommentator. Dabei ist Jean-Marc Richard, der den Contest für den französischsprachigen Schweizer Sender RTS kommentiert, seit 1991 dabei und hat seitdem in jedem Jahr entweder fürs Fernsehen oder das Radio kommentiert.

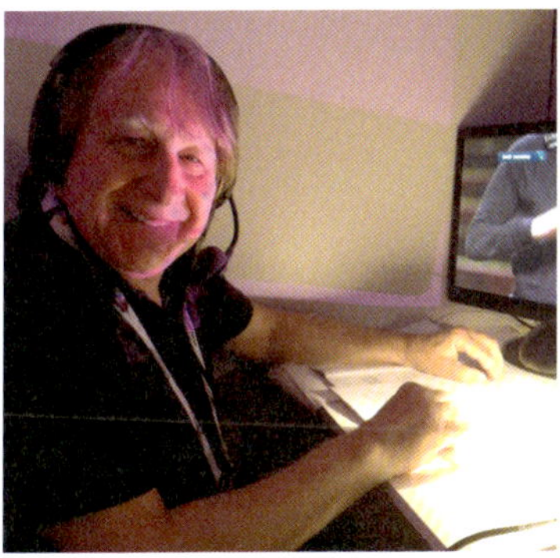

Guildo hat Euch lieb

„Darf dieser Mann für Deutschland singen?", fragte „Bild" auf der Titelseite neben dem Foto eines Mannes mit langen Haaren und 70er-Jahre-Sonnenbrille und rief sogleich den „Schlager-Krieg" aus (so ein Krieg hat schließlich in der Regel zwei Seiten, die man gegeneinander ausspielen kann, also: Tagesgeschäft für die Boulevardzeitung). Von den Menschen, die bei „Bild" anriefen, um eine Antwort auf die Frage zu geben, waren rund 62 % der Meinung: Nein.

Rund 62 % der Stimmen waren es auch, die Guildo Horn, der Mann mit den Haaren und der Brille, beim deutschen Vorentscheid 1998 erhielt. Die Medienkampagne, die sein Manager Johannes Kram sich ausgedacht hatte (inkl. der vermeintlich feindseligen Frage auf der Titelseite), war voll aufgegangen: Es war einer der seltenen Fälle, in denen die boulevardjournalistische Übertreibung, „alle" sprächen über dieses oder jenes, zu stimmen schien, denn besonders Menschen, die sich lange nicht für den Song Contest interessiert hatten, hatten plötzlich eine Meinung zu Guildo Horn und seinem Lied „Guildo hat Euch lieb".

Ralph Siegel, dem es vermutlich reichlich egal gewesen wäre, mit welchem seiner drei Lieder er zum Finale nach Birmingham gefahren wäre, reagierte genauso patzig-beleidigt, wie Horns Entourage es sich erhofft hatte, und erklärte, er werde „nie mehr etwas zum Grand Prix beisteuern" („nie mehr" im in diesem Zusammenhang üblichen Sinne von: „bis zum nächsten Jahr").

Es ist heute für Nachgeborene nur schwer vermittelbar, wie ernst es allen Beteiligten 1998 war: Guildo Horn selbst sah es vielleicht noch am lockersten – er hatte sich mit seiner Band „Die Orthopädischen Strümpfe" und halb augenzwinkernden, halb selbstergriffenen Neuinterpretationen schnarchiger Schlager über Jahre eine treue Fangemeinde erspielt, da war der da-

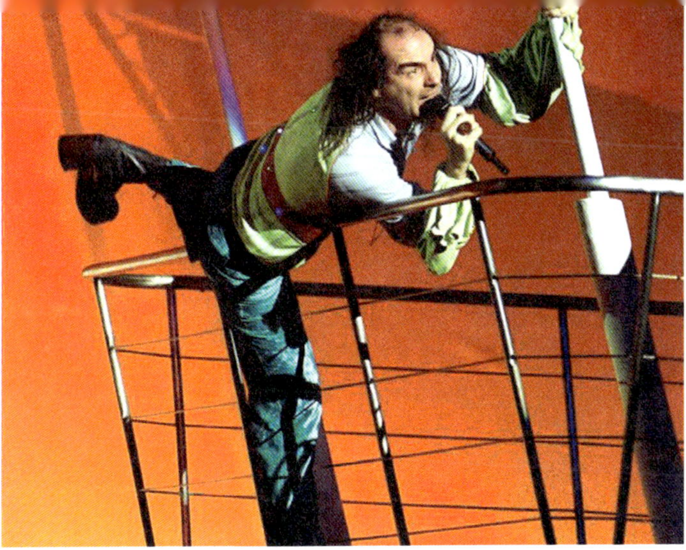

mals noch so beleumundete Schlager-Grand-Prix die logische nächste Eskalationsstufe. Besagte Fans, die ihn „Meister“ nannten und nach dem Sieg beim Vorentscheid die Bühne stürmten, bewiesen, wie schnell augenzwinkernde Spaßkultur in unsympathischen Ernst kippen kann. Stefan Raab, der „Guildo hat Euch lieb“ unter dem Pseudonym „Alf Igel“ geschrieben hatte, fand seine Bestimmung, die ihn für anderthalb Jahrzehnte nicht loslassen sollte: den Eurovision Song Contest.

Diesen, ihren Song Contest sahen jene Leute in Gefahr, die bei der Verkündung von Horns Kantersieg laut buhten. Ihr Entsetzen war aufrichtig und man mag darüber mit den Augen rollen, aber für sie war der ESC über Jahrzehnte ihre kleine, schwule Nischenveranstaltung gewesen und nun kamen Alpha-Heteros wie Raab daher, um sie wahlweise in den Schmutz oder in den Mainstream zu ziehen, wobei erstmal unklar blieb, was die schlimmere Option wäre.

Guildo Horn jedenfalls, der nach seiner Wahl erklärt hatte, jedes Volk bekomme den Vertreter, den es verdient, fuhr nach Birmingham, kletterte dort in Schlaghosen auf der Bühnendekoration herum und wurde – sicherlich auch dank des Publikumsvotings per Telefon, das in vielen Ländern die oft spießigen Jurys verdrängt hatte – Siebter.

Eurovision Total

Angeblich saß Stefan Raab im Taxi, als ihm die erste Idee zu „Guildo hat Euch lieb“ kam. Weil er keine Noten schreiben konnte, bestellte er sich von seiner Plattenfirma ein Keyboard aufs Hotelzimmer und nahm mit einer Videokamera die erste Demoversion auf. Klar, dass so jemand für Ralph Siegel alles verkörpert, was in der Unterhaltungsindustrie, besonders aber beim Grand Prix, falsch läuft.

Dabei hat Stefan Raab in der Summe mutmaßlich mehr für den ESC getan als Siegel – nicht, was die Anzahl von Top-Platzierungen oder Kompositionen (da ist Siegel eh unerreicht) angeht, aber er hat den verstaubten Lieder-Wettkampf in regelmäßigen Abständen für ein neues, junges Publikum erschlossen. Das ging vermutlich, weil Raab selbst beides ist und beide Seiten versteht: Musiker und TV-Macher.

Als er den Song für Guildo Horn schrieb, hatte er mit „Böörti Böörti Vogts“ und „Hier kommt die Maus“ schon zwei Top-5-Singles veröffentlicht und galt beim Musiksender VIVA als der massenkompatible Anarchist. In Birmingham wurde er zum letzten Deutschen, der je ein ESC-Orchester dirigieren sollte (auch wenn das bei „Guildo hat Euch lieb“ gar nicht mitspielte) und wenn man ihn da so sah, wie er stolz und feixend vor der Kamera stand, ahnte man: Dieser Mann ist mit dieser Veranstaltung noch nicht fertig.

Zwei Jahre später kehrte er zurück und sang diesmal selbst die ebenso alberne wie eingängige Disco-Parodie „Wadde hadde dudde da?“ (Platz 5). 2004 veranstalte er seine eigene Castingshow, deren Sieger Max Mutzke eine Wildcard für den deutschen Vorentscheid be-

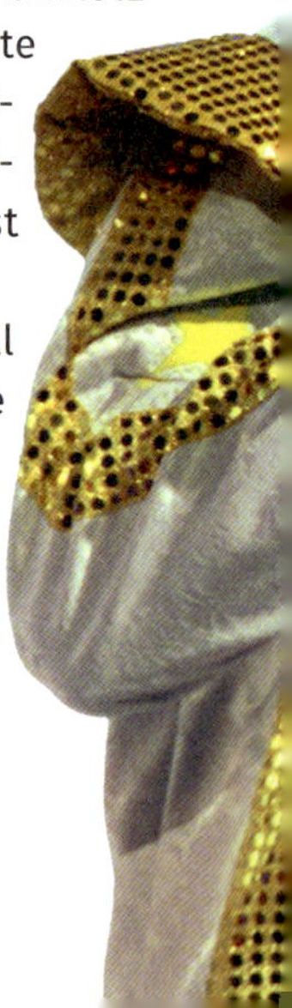

kam, den er schließlich gewann. Den Beitrag „Can't Wait Until Tonight" hatte er natürlich wieder selbst geschrieben. Weil Raab vom 8. Platz in Istanbul enttäuscht war, rief er den „Bundesvision Song Contest" ins Rennen, bei dem die 16 Bundesländer nach bewährtem Prinzip gegeneinander ansangen, aber auch da war klar: Es kommt noch was.

Raabs große ESC-Stunde schlug schließlich 2010: Nicht nur, dass „Unser Star für Oslo" eine Gemeinschaftsproduktion der angeblich langweiligen ARD mit seinem Haussender ProSieben war; nicht nur, dass die 18-jährige Schülerin Lena Meyer-Landrut im Laufe der mehrwöchigen Show die Herzen des Publikums und am Ende mit „Satellite" das Ticket nach Oslo gewann – nein: Sie gewann gleich den ganzen verdammten Song Contest. In einer überraschenden Duplizität der Ereignisse von 1982 stand da ein ziemlich ehrgeiziger Mann (Siegel/Raab) neben einer jungen Frau (Nicole/Lena), die kaum wusste, wie ihr geschah, und hatte sich seinen Lebenstraum erfüllt.

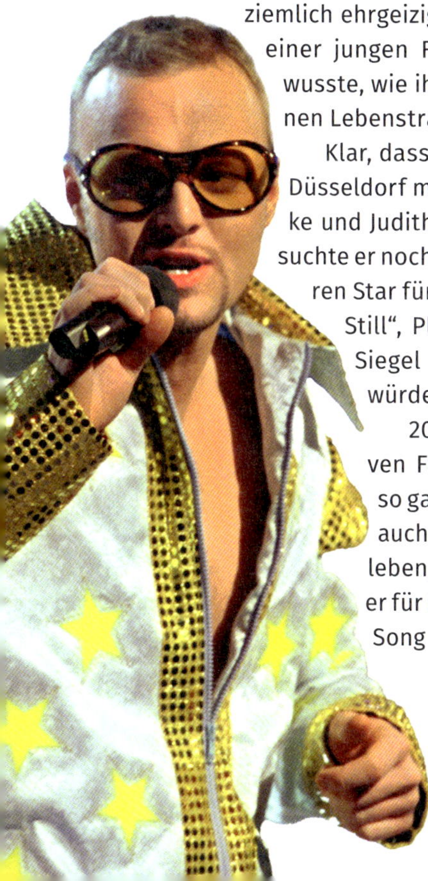

Klar, dass Stefan Raab den Heim-ESC in Düsseldorf moderieren durfte (Anke Engelke und Judith Rakers immerhin auch). 2012 suchte er noch einmal pflichtschuldig „Unseren Star für Baku" (Roman Lob: „Standing Still", Platz 8), dann schlug er Ralph Siegel auch noch auf dem Feld des würdevollen Rückzugs.

2015 zog er sich aus dem aktiven Fernsehgeschäft zurück. Doch so ganz ohne Liederwettstreit kann auch ein Stefan Raab offenbar nicht leben, denn 2020 und 21 produzierte er für ProSieben den „Free European Song Contest".

Der Vorentscheid

Auch wenn empörte Medien und beleidigte Fans das nicht gerne hören: Es gibt bei der Wahl des ESC-Beitrags keine Verpflichtung, das eigene Volk zu befragen – ein Vorentscheid hat nur den Vorteil, dass man als Sender im Falle eines Misserfolgs darauf verweisen kann, das Publikum habe den Beitrag ja selbst ausgewählt.

Vom ersten deutschen Vorentscheid 1956 lässt sich heute nicht einmal mehr sagen, ob er tatsächlich stattgefunden hat. In der Folge wurden mal „Experten", mal „junge Leute" in ein Fernsehstudio gesetzt, um als Jury über das (meist begrenzte) Angebot zu befinden. Es gab Abstimmungen per Postkarte, repräsentative

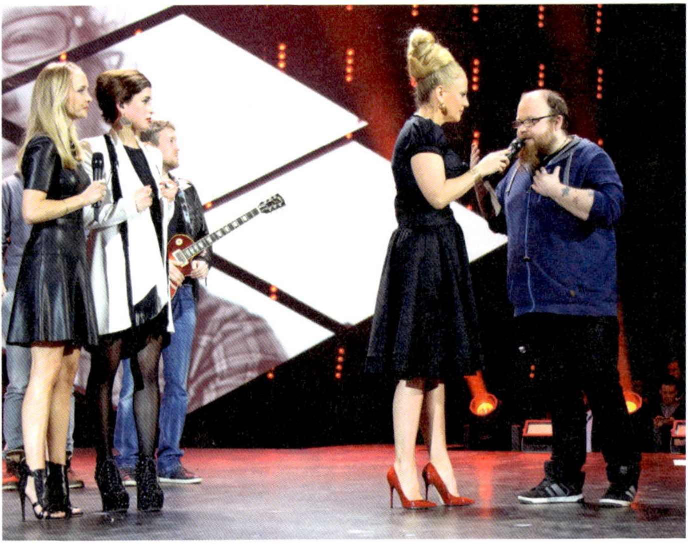

Vorentscheid-Sieger Andreas Kümmert erklärt Barbara Schöneberger, dass er nicht am ESC teilnehmen wird – stattdessen repräsentiert Ann Sophie Deutschland beim ESC 2015.

Befragungen durch Meinungsforschungsinstitute und später den berühmten „Tele-Dialog“ (TED), bei dem das Publikum seine Meinung per Telefon kundtut. Es gab Castingshows, die über mehrere Wochen liefen, um für eine möglichst enge Publikumsbindung zu sorgen. Es gab komplexe wissenschaftliche Anordnungen, um mit Hilfe von Menschen, deren Geschmack am ehesten mit dem des gesamteuropäischen Publikums übereinstimmte, die möglichst perfekte Wahl zu treffen. Und es gab Kombinationen aus mehreren Verfahren.

Meistens gab es aber zumindest eine Fernsehshow. Die einzelnen Jahrgänge variierten sehr, was die musikalische Qualität anging, bildeten aber stets das jeweils aktuelle Angebot ab: Ralf Bendix, Bill Ramsey, Fred Bertelmann, René Kollo, Rex Gildo und Roberto Blanco haben es versucht, später Marianne Rosenberg, Bernd Clüver, Bernhard Brink, Roland Kaiser und Costa Cordalis und ab 2001 auch Scooter, der Modeschöpfer Rudolph Moshammer, Zlatko aus dem „Big Brother“-Container, die Kelly Family, ein Gummi-Gerhard-Schröder, Westbam, Sabrina Setlur, Thomas Anders, Heinz Rudolf Kunze, Santiano und Unheilig.

Drei Mal traten die Sieger*innen des deutschen Vorentscheids anschließend nicht beim ESC an: 1976 wurde Tony Marshall disqualifiziert, weil sein Titel „Der Star“ schon vier Jahre zuvor von einer anderen Sängerin veröffentlicht worden war; 1999 erging es Corinna May mit ihrem „Hör’ den Kindern einfach zu“ ähnlich und 2015 erklärte der eigentliche Sieger Andreas Kümmert am Ende der Show, er sei „nicht wirklich in der Verfassung, diese Wahl anzunehmen“. In allen drei Fällen fuhren die jeweils Zweitplatzierten des Vorentscheids zum Song Contest – mit höchst unterschiedlichen Resultaten: Der zweiten Garde gelang vom 15. (Les Humphries Singers: „Sing Sang Song“) über den 3. (Sürpriz: „Reise nach Jerusalem – Kudüs’e seyahat“) bis hin zum historisch einmaligen 27. Platz mit null Punkten (Ann Sophie: „Black Smoke“) so ziemlich alles.

Immer wieder gab es auch Jahre, in denen die jeweils zuständigen Sendeanstalten die Entscheidungen intern trafen:

z. B. 1959, als die Wahl auf Alice & Ellen Kessler fiel („Heute Abend wollen wir tanzen geh'n"); 1968, als Wencke Myhre „Ein Hoch der Liebe" anstimmte; von 1993 bis 1995 sowie im Jahr 2009, als der Sänger Oscar Loya mit dem Musikproduzenten Alex Christensen als „Alex Swings Oscar Sings!" den Soundtrack zu einer Tanzdarbietung von Dita von Teese lieferte.

2021 setzte der verantwortliche NDR auf ein komplexes Verfahren, bei dem zwei Jurys aus Fans und Musik-Fachleuten den deutschen Beitrag ermitteln sollten. Das gleiche System funktionierte in der Schweiz hervorragend (2019: Luca Hänni, „She Got Me", Platz 4; 2021: Gjon's Tears, „Tout l'univers", Platz 3). Der deutsche Kandidat Jendrik wurde mit „I Don't Feel Hate" Vorletzter.

In den skandinavischen Ländern gehören die Vorentscheide Melodi Grand Prix (Norwegen), Dansk Melodi Grand Prix (Dänemark) und vor allem Melodifestivalen (Schweden) zu den erfolgreichsten TV-Programmen des Jahres: Über Wochen buhlen junge Talente, ehemalige ESC-Teilnehmer*innen und sogar -Sieger*innen um die Publikumsstimmen. Die Shows gelten als erste Zeichen, dass der harte Winter sich dem Ende neigt, und fast alle anderen Länder schauen neidisch sowohl auf die Einschaltquoten als auch auf die Ergebnisse. In Italien haben sie immerhin das Sanremo-Festival, dessen siegreichem Act von 1956 bis 1966 und jetzt wieder seit 2015 angeboten wird, das Land beim Song Contest zu vertreten – was meist passiert.

Ländern wie Belarus oder Aserbaidschan, die es auch sonst nicht so mit Demokratie haben, wird sogar nachgesagt, dass ihre Präsidenten sich gerne in die Auswahl von Act und Song einmischen. Dass ein Song wie „I Love Belarus" (Belarus, 2011) beim eigenen Machthaber etwas besser ankommt als beim europäischen Publikum, geht dann vielleicht als ausgleichende Gerechtigkeit durch.

Go East

Nachdem in Europa der sogenannte Eiserne Vorhang gefallen war, öffnete sich für viele Länder erstmals der schillernde Vorhang der Eurovision: 1994 debütierten Estland, Litauen, Polen, Rumänien, Russland, die Slowakei und Ungarn beim ESC. Es war nur eine Frage der Zeit, bis eines dieser Länder den Wettbewerb gewinnen würde – die Geburtstunde der „Ostblock-Verschwörung".

2001 war es dann soweit: Mit Estland gewann zum ersten Mal eine ehemalige Sowjetrepublik den Song Contest. Und im Jahr darauf mit dem Nachbarn Lettland gleich die nächste. Spätestens als 2004 die Ukraine siegte, sahen sich einige Beobachter in ihren schlimmsten Befürchtungen bestätigt: Eine „Ostblock-Verschwörung" hatte den ESC übernommen.

Der Gedanke dahinter klingt erst einmal naheliegend: Wenn Länder wie die Sowjetunion und Jugoslawien in viele kleinere Staaten zerfallen, schieben die sich gegenseitig Punkte zu. Tatsächlich hatten auch westliche Nachbarländer wie das Vereinigte Königreich und Irland, Griechenland und Zypern oder die Länder Skandinaviens in der Vergangenheit schon oft füreinander gestimmt, was aber mehr mit überlappenden Musikgeschmäckern und -märkten zu tun haben dürfte als mit irgendeiner Verschwörung.

Um den Song Contest zu gewinnen, brauchte man sowieso weiterhin Punkte aus ganz Europa – und die bekamen die Siegertitel aus Estland, Lettland, der Ukraine ebenso wie die aus der Türkei (2003), Griechenland (2005) oder Finnland (2006). 2008 schlug dann endlich die Stunde Russlands: Nachdem das Land mit englischsprachigem Pop einige gute Platzierungen eingeholt hatte, wurde der Sieg von Dima Bilan in Belgrad zum Triumph „für ganz Russland" (so Wladimir Putin).

Text und Textil

Als Margot Hielscher 1958 in Hilversum „Für zwei Groschen Musik“ zum Besten gab, trug sie das erste „Kostüm“ der ESC-Geschichte: eine rote Schärpe mit der Aufschrift „Miss Jukebox“.

Lange Zeit trugen die Menschen, die beim ESC auftraten, Abendkleidung. Besondere Aufmerksamkeit erregte 1966 deshalb Åse Kleveland aus Norwegen, die als erste Frau der ESC-Geschichte nicht im Kleid, sondern in einer Mischung aus „Star Trek“-Uniform und Schlafanzug auf der Bühne stand.

1967 trug die Britin Sandy Shaw ihr „Puppet On A String“ barfuß vor, was einer Revolution gleichkam. Sie gewann. Als 2013 mit der Dänin Emmelie de Forest („Only Teardrops“) erneut eine barfüßige Interpretin den Song Contest gewann, war das im Kontext der Veranstaltung weniger Revolution und mehr Understatement, denn in der Zwischenzeit waren Moden und Trends über den ESC hinweggeschwappt wie Wellen übers Meer. Besonders in Erinnerung bleiben ABBAs glitzernde Anzüge mit Schlag (und das Napoleon-Kostüm ihres Dirigenten), aber auch das papageiengleiche Kleid von Jean Paul Gaultier, in dem Dana International 1998 in Birmingham zur Siegerin gekrönt wurde.

Außergewöhnliche modische Kreationen gibt es viele, aber auf Laufstegen und roten Teppichen bekommt man eher selten zu Gesicht, was beim ESC seit mehr als 40 Jahren einfach dazugehört: das Trickkleid. Ireen Sheer war 1978 mutmaßlich die Erste, die die Bühne anders gewandet verließ, als sie sie betreten hatte. Zu Beginn des Refrains in ihrem Lied „Feuer“ griff sich die Deutsch-Britin an den Hals, riss sich mit einer energischen Bewegung eine Art Fransen-Poncho vom Leib und tanzte hernach in ihrem schulterfreien weißen Kleid. Den großen Durchbruch feierte das Trickkleid dann 1981 mit den britischen Siegern von Bucks Fizz. Das Quartett blieb u. a. wegen der Röcke der beiden

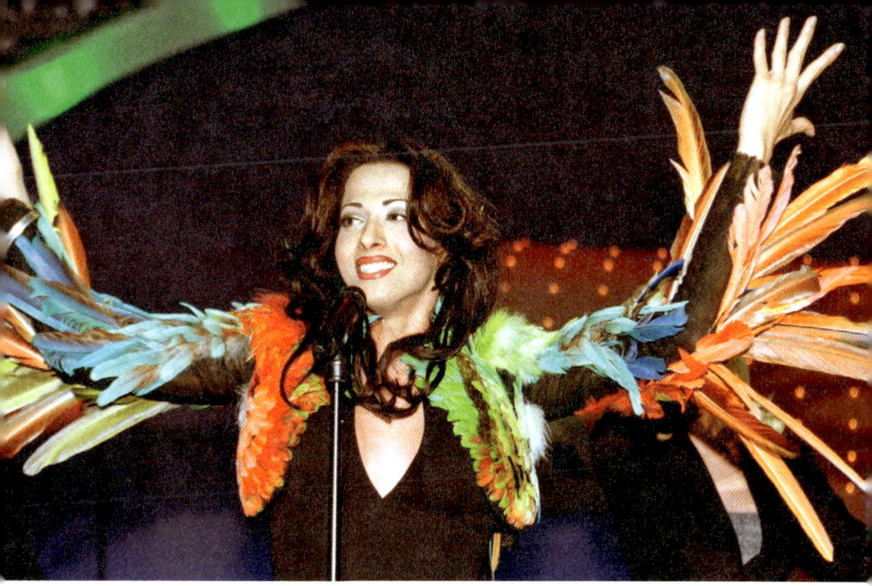

Fly on the wings of love: In diesem spektakulären Kleid von Jean Paul Gaultier nahm Dana International 1998 die Trophäe in Empfang.

Sängerinnen in Erinnerung, die ihre männlichen Kollegen zu den Worten „If you want to see some more" wegrissen, um zu zeigen, dass die Damen eigentlich Minikleider trugen. (Es ist aus heutiger Warte genauso bescheuert und bieder, wie es sich anhört.) Seitdem waren es vor allem Frauen, die sich auf der ESC-Bühne von Teilen ihrer Kleidung verabschiedeten.

Die technische Entwicklung machte auch vor den Kostümen nicht Halt und so gab es in den letzten Jahren etliche Kleidungsstücke, in denen eingearbeitete LEDs leuchteten oder auf die irgendwelche Animationen projiziert wurden.

Ein kleiner Trost für alle, die sonst gar keinen bleibenden Eindruck hinterlassen: Seit 1997 vergibt eine belgische Fanseite den „Barbara Dex Award", benannt nach der belgischen Teilnehmerin von 1993, die in einem selbstgestalteten, halbtransparenten Kleid für fassungslose Blicke sorgte. Diese Auszeichnung sollte zunächst den „schlechtesten", später dann den „auffälligsten" Look jedes Eurovisions-Jahrgangs rühmen. Der bisher einzige deutsche Preisträger: Guildo Horn.

Thank You For The Music

Man kann es gar nicht oft genug betonen (zumindest, wenn man Ralph Siegel heißt und als Komponist arbeitet): Der Eurovision Song Contest ist eigentlich ein Komponisten-Wettbewerb.

Tatsächlich sollte es zu Beginn des Wettbewerbs so sehr um die Lieder als solche gehen, dass es fast unbedeutend war, wer sie eigentlich sang. Man darf nicht vergessen: Es war eine Zeit, in der es eher die Ausnahme war, dass die Person, die ein Lied interpretierte, dieses auch geschrieben hatte. Frank Sinatra und Elvis Presley sangen, was andere ihnen schrieben, und selbst die Beatles begannen ihre Karriere ein paar Jahre später überwiegend mit Coverversionen. Da fällt jemand wie Walter Andreas Schwarz, der 1956 in Lugano seinen eigenen Song „Im Wartesaal zum großen Glück" vortrug, in der Rückschau durchaus auf.

Der erste Siegertitel, bei dem der Name des Sängers auch in der Autorenzeile stand (neben dem von Thomas Hörbiger), war 1966 „Merci, Chérie" von Udo Jürgens. Die erste Frau, die ihren Siegertitel selbst (mit-)geschrieben hatte, war 1969 Lenny Kuhr aus den Niederlanden („De troubadour").

Da es bis 1998 ein Live-Orchester gab, das die Gesangsdarbietung anfangs vollständig, dann immer weniger untermalte, ließen es sich viele Komponisten nicht nehmen, selbst den Taktstock zu schwingen – sogar, wenn das Orchester dann gar nicht spielte wie bei Stefan Raab 1998. Ralph Siegel war nie dabei, der saß lieber auf der Bühne am Klavier. Für solche Fälle standen aber stets Dirigenten bereit, die die Aufgabe gerne übernahmen. Der Ire Noel Kelehan kam so in den Genuss, fünf der sieben Siegertitel seines Landes zu dirigieren (1980, 1987, 1992, 1993 und 1996), der Niederländer Dolf van der Linde stellte einen anderen Rekord auf, indem er gleich für sieben Nationen dirigierte: neben seinem Heimatland auch für Belgien, Deutschland, Irland, Luxemburg, Schweden und die Schweiz. Den passendsten Namen hatte Richard Oesterreicher, der zwölf Mal für eine Alpenrepublik ans Pult trat.

Es gibt überhaupt nur drei Frauen, die beim ESC ein Orchester anleiteten: Die Schwedin Monica Dominique wurde 1973 die Erste, als sie das von ihr mitgeschriebene „You're Summer" von The Nova and The Dolls dirigierte (Platz 5). Nurit Hirsch zog wenige Minuten später nach (Ilanit: „Ey Sham", Israel, Platz 4) und wurde 1978 zur einzigen Frau, die bei zwei ESC-Beiträgen, davon einem Siegertitel, dem Orchester vorstand (Izhar Cohen & The Alphabeta: „A-Ba-Ni-Bi", Musik: sie selbst, Text: Ehud Manor). Anita Kerr durfte 1985 noch zeigen, wie fortschrittlich die Schweiz war (immerhin hatte man dort vor 15 Jahren endlich das Frauenstimmrecht eingeführt) und ihre Komposition „Piano, piano" (gesungen von Mariella Farré & Pino Gasparini, Platz 12) dirigieren. Dann war's das schon mit den Frauen im Orchestergraben.

Selbst die Liste der männlichen Songschreiber, die den Grand Prix gleich zweimal gewannen, ist länger: Willy van Hemert war der Erste (Texte für die Niederlande 1957 und 1959), dem Franzosen Yves Dessca gelang es gleich in zwei aufeinanderfolgenden Jahren für zwei verschiedene Länder (Text 1971 für Monaco und 1972 für Luxemburg), Johnny Logan hatte eine seiner Sieger-Kompositionen für Irland sogar selbst gesungen („Hold Me Now", 1987) und die andere singen lassen (Linda Martin: „Why Me", 1992), der Norweger Rolf Løvland ist seit 1995 im Club (nach einem ersten Sieg 1985) und der Letzte ist schließlich Brendan Graham, der zwei der sieben irischen Siege (konkret: 1994 und 1996) zu verantworten hat.

In Zungen singen

„De vogels van Holland zijn zo muzikaal / Ze leren in hun prille jeugd al tierelieren“ waren die ersten Liedzeilen, die je auf der Eurovisions-Bühne gesungen wurden (Jetty Paerl: „De vogels van Holland“) und eigentlich steckt da schon alles drin, was einen guten ESC-Text ausmacht: Natur (Vögel!), Heimat (Holland!), Musik (Sie tirilieren!) und eine zumindest rudimentäre Verständlichkeit im Ausland.

Bis 1965 gab es gar keine Regel, in welcher Sprache ein Song-Contest-Beitrag vorgetragen werden soll – die Künstler*innen sangen schon aus Stolz in ihren Landessprachen. Lys Assia, die beim ersten Grand Prix 1956 beide Schweizer Beiträge sang, trug einen auf Deutsch („Das alte Karussell“) und einen auf Französisch („Refrain“) vor und gewann mit letzterem. Margot Hielscher, die 1957 für Deutschland ein Loblied auf das Telefon sang, tat dies im Geiste einer fast rührenden Internationalität: „Hallo – grazie, sì, sì / Hello – thanks, yes, yes / Hallo – nada por mí / Hello – nothing for me“.

Nachdem es der Schwede Ingvar Wixell 1965 allerdings gewagt hatte, seinen Song „Absent Friend“ komplett auf Englisch zu singen, legte eine Regel fest, was zuvor eh Standard gewesen war: Jedes Land muss in seiner bzw. einer seiner Landessprachen singen. Diese Regel wurde 1973 wieder aufgehoben, woraufhin neben Irland und dem Vereinigten Königreich auch Finnland und Schweden mit einem englischsprachigen Lied antraten, während die Bendik Singers aus Norwegen völlig freidrehten und ihren Beitrag „It's Just A Game“ auf Englisch und Französisch mit ein paar Einsprengseln auf Spanisch, Italienisch, Niederländisch, Deutsch, Irisch, Serbokroatisch, Hebräisch, Finnisch, Schwedisch und Norwegisch darboten. (Ihr Rekord „Zwölf Sprachen in einem Lied“ ist bis heute gültig.)

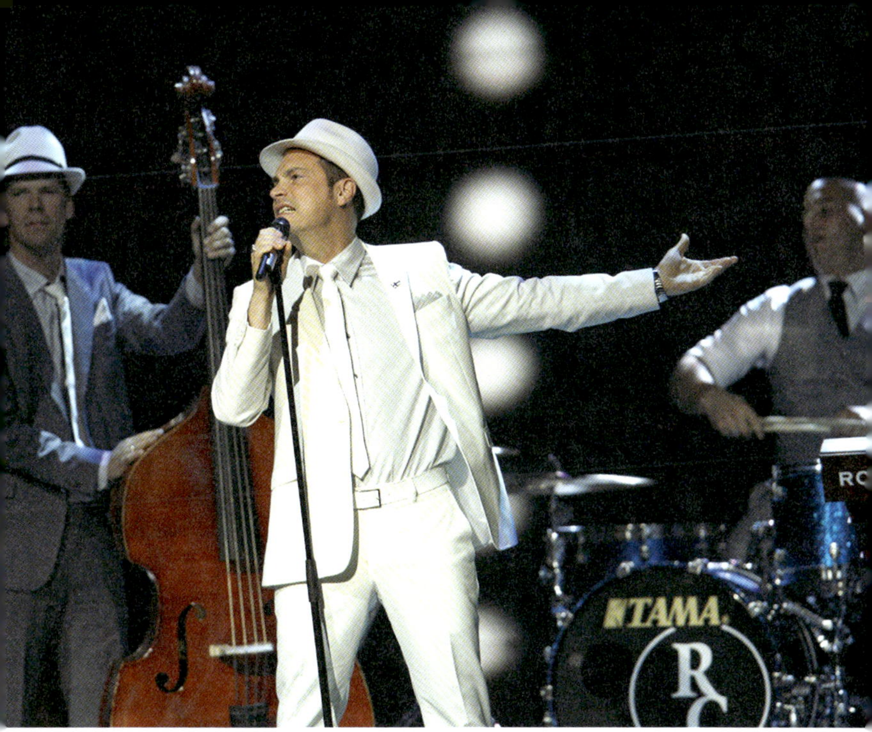

Den letzten deutschsprachigen Beitrag für Deutschland sang Roger Cicero 2007 – er konnte damit nicht an die Erfolge von Udo Jürgens und Nicole anknüpfen.

ABBA besangen 1974 ihr „Waterloo“ natürlich auf Englisch, und weil auch die Siegertitel von 1975 (Teach-In: „Ding-a-Dong“, Niederlande) und 1976 (Brotherhood of Man: „Save Your Kisses For Me“, Vereinigtes Königreich) auf Englisch waren, galt ab 1977 wieder: Landessprachen only.

Obwohl Englisch schon damals die Lingua franca des Pop war, führte dies übrigens nicht dazu, dass jetzt nur noch das Vereinigte Königreich, Irland und Malta, wo Englisch überall Landessprache ist, gewannen: Die große irische Siegesserie begann erst 1992, das UK gewann nach 1977 noch genau zwei Mal und Malta wartet bis heute auf seinen ersten ESC-Triumph. Die Sprache, in der die meisten Siegertitel gesungen wurden, blieb lange Französisch (klar: das durfte ja nicht nur von Frankreich, sondern auch von Belgien, Luxemburg, Monaco und der Schweiz genutzt werden).

Als in den 1990er Jahren dann aber vor allem Irland und einmal das Vereinigte Königreich gewannen, drängten die anderen Länder darauf, auch auf Englisch singen zu dürfen. 1999 fiel die Sprachregelung erneut und seitdem haben nur drei Lieder gewonnen, die nicht auf Englisch gesungen wurden: 2007 „Molitva" von Marija Šerifović auf Serbisch, 2017 „Amar pelos dois" von Salvador Sobral auf Portugiesisch und 2021 „Zitti e buoni" von Måneskin auf Italienisch.

2014 war das Jahr mit dem höchsten Englisch-Anteil im Starterfeld: 33 von 37 Titeln, das entspricht 89,2%. Nachdem Salvador Sobral den Song Contest 2017 auf Portugiesisch gewonnen hatte („Amar pelos dois" war der einzige landessprachliche Titel in seinem Halbfinale gewesen), trauten sich plötzlich wieder ein paar mehr Länder, in ihrer eigenen Sprache zu singen: der Englisch-Anteil sank auf 65,1%.

Deutschland hat zuletzt 2007 einen deutschsprachigen Beitrag ins Rennen geschickt: „Frauen regier'n die Welt" vom inzwischen verstorbenen Roger Cicero.

Frankreich hatte seine Chansons auf Französisch, Bretonisch, Korsisch und Patois singen lassen, bevor Natasha St-Pier 2001 zum ersten Mal eine Strophe auf Englisch vortrug. Als Sébastien Tellier 2008 seinen Beitrag „Divine" dann fast ausschließlich auf Englisch sang, löste das sogar Parlamentsdiskussionen aus. Belgien, das ja nun wirklich genug Auswahl hätte, ist 2003 und 2008 mit Liedern in einer Phantasiesprache angetreten.

Sollte die EBU jetzt also auf jene Traditionalisten hören, die sich eine Rückkehr zur Landessprachlichkeit wünschen? Lieder auf Englisch werden zwar fast überall verstanden, aber das ist ja nicht immer von Vorteil. Israel, Schweden und Norwegen gewannen auch in ihren, im Ausland eher selten verstandenen, Landessprachen. Trotz vieler, vieler Anläufe hat es nur für zwei deutschsprachige Lieder zum Sieg gereicht: 1982 Nicoles „Ein bisschen Frieden" und 1966 „Merci, Chérie" von Udo Jürgens, der im Titel sogar so tat, als würde er auf Französisch singen.

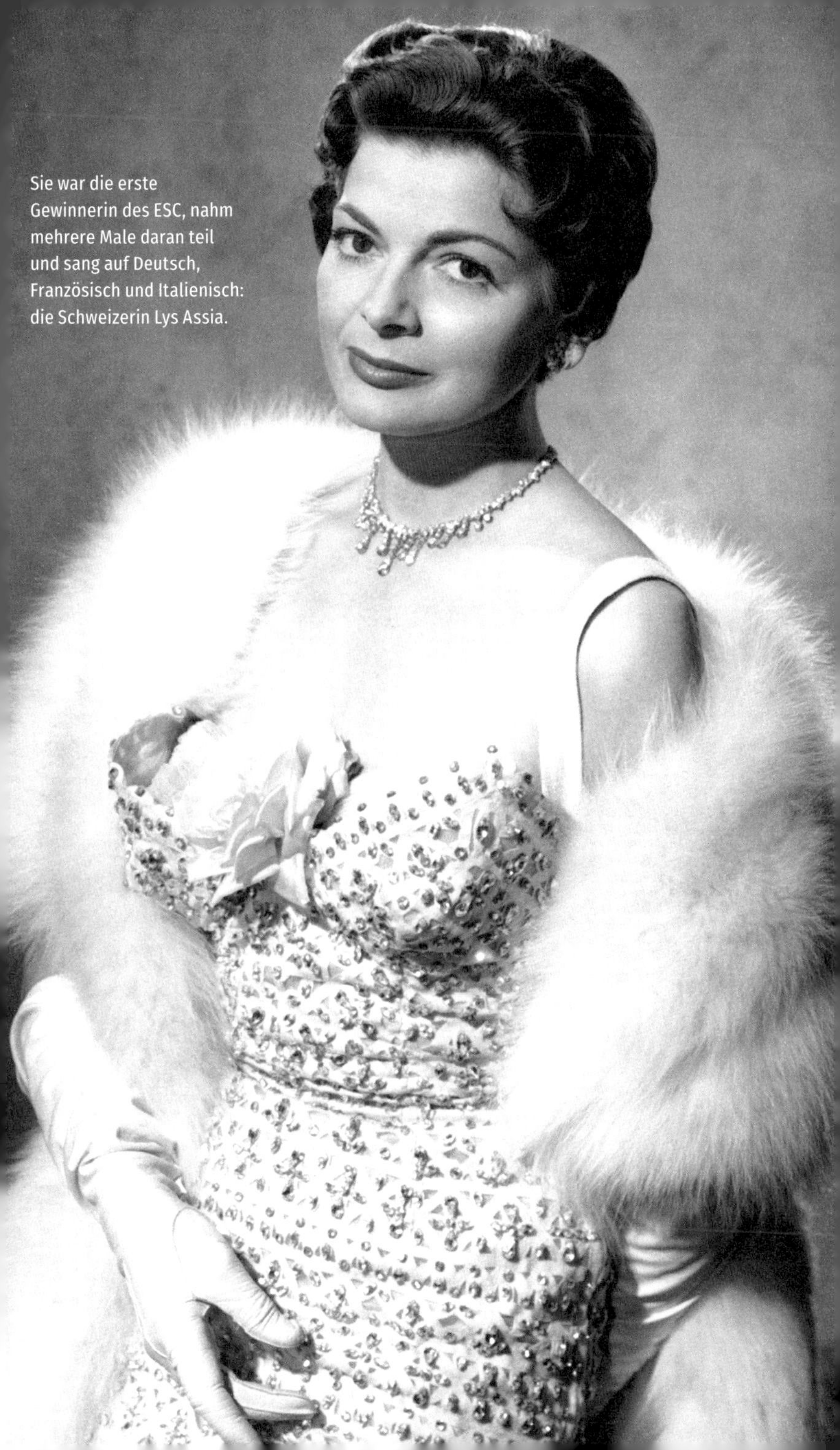

Sie war die erste Gewinnerin des ESC, nahm mehrere Male daran teil und sang auf Deutsch, Französisch und Italienisch: die Schweizerin Lys Assia.

Die Halbfinals

Der Zerfall der Sowjetunion und Jugoslawiens war für die EBU Fluch und Segen zugleich. Segen, weil sich die jungen Nationen beim Song Contest unbedingt der Welt präsentieren wollten; Fluch, weil es einfach zu viele Länder waren für eine Fernsehsendung, die das Adjektiv „abendfüllend" nicht über Gebühr strapazieren wollte. Wie so oft fand die EBU Inspiration im Sport und richtete 2004 erstmals ein offizielles Halbfinale aus, drei Tage vor dem Grand Final. (Positiver Nebeneffekt: Eine zweite Fernsehsendung, die man vermarkten kann.)

Am 12. Mai traten in der Abdi İpekçi Arena in Istanbul Acts aus 22 Ländern an und trugen ihre Lieder vor, die sie im großen Finale singen wollten. Das Publikum aus insgesamt 33 Teilnehmerländern stimmte ab, welche zehn Länder weiterkommen sollten und am Samstag im Finale auf die gesetzten besten zehn Länder des Vorjahres (naheliegenderweise inkl. der Türkei) plus die großen Geldgeber Deutschland, Frankreich, Spanien und das Vereinigte Königreich trafen.

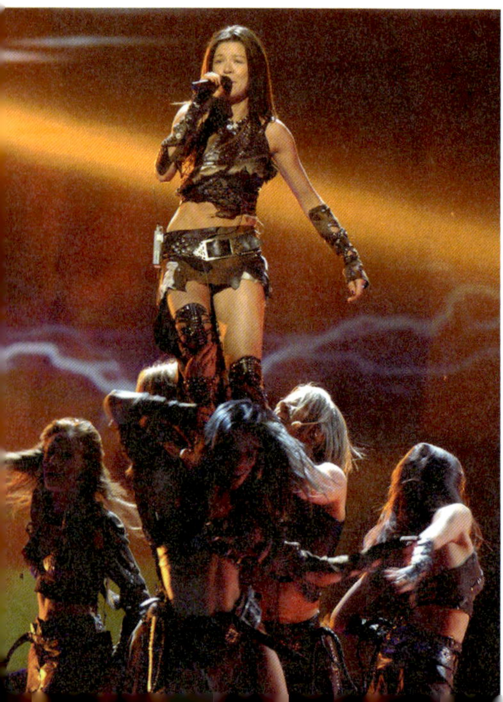

Ruslana aus der Ukraine war die erste ESC-Siegerin, die sich über das Halbfinale qualifiziert hatte.

Das Verfahren ging insofern auf, als mit Ruslana aus der Ukraine („Wild Dances“) direkt eine Sängerin gewann, die sich über das Halbfinale qualifiziert hatte. Es hatte nur den Nachteil, dass von den zehn Ländern, die sich über ihre gute Platzierung im letzten Jahr fürs Finale qualifiziert hatten, sieben auf den acht schlechtesten Plätzen landeten. Das Prinzip einer Meritokratie (Stichwort: „UEFA-Fünfjahreswertung“) funktioniert bei einem Wettbewerb, in dem ein Land jedes Jahr mit einem neuen Act und einem neuen Song antritt, also nur bedingt. Nachdem sich auch in den folgenden drei Jahren zwei der später siegreichen Acts (2006: Lordi aus Finnland, 2007: Marija Šerifović aus Serbien) über das Halbfinale qualifiziert hatten und im Halbfinale inzwischen mehr Länder an den Start gingen als im Finale selbst, änderte die EBU abermals den Modus.

Seit 2008 sind nur noch des Siegerland des Vorjahres (also: der Gastgeber der aktuellen Show) und die großen Geldgeber für das Finale gesetzt. Alle anderen Länder müssen sich in zwei Halbfinals qualifizieren, aus denen je zehn weiterkommen. Das birgt immer noch das Restrisiko, dass es fast jedes Jahr ein „stärkeres“ und ein „schwächeres“ Halbfinale gibt und manche Lieder ausscheiden, die im Umfeld des anderen Halbfinals vielleicht weitergekommen wären, aber das kann einem in jeder Sportart passieren.

Für das Publikum ist es jedenfalls leicht zu merken: Am Dienstag und Donnerstag vor dem Finale finden die beiden Halbfinals statt, stimmberechtigt sind die jeweils teilnehmenden Länder plus die Hälfte der gesetzten Finalteilnehmer (die andere Hälfte stimmt dann im anderen Halbfinale ab).

Fun Fact: Die Ukraine hat als einziges Land bisher immer das Halbfinale überstanden: insgesamt zwölf Mal. Andorra hingegen ist das einzige Land, das es (bei sieben Versuchen zwischen 2003 und 2009) nie ins Finale geschafft hat – vermutlich tritt der Zwergstaat auch deshalb nicht mehr an.

AHA!

Bretter, die Europa bedeuten

Eine Schulaula, deren Bühne hinten mit Vorhängen abgehängt ist; eine vom Kunst-LK mit Landschaftsmotiven bemalte Pappwand und sehr, sehr viele Blumen, weil irgendwelche Eltern eine Gärtnerei betreiben. Wenn man nicht weiß, dass man Bilder vom allerersten Eurovision Song Contest vor sich hat, könnte man die wenigen Fotos, die aus dem Teatro Kursaal in Lugano existieren, auch ohne weiteres für einen beliebigen bunten Abend in der Provinz halten.

Das hat sich in den letzten 65 Jahren ein bisschen gewandelt: Der Song Contest gilt heute als inoffizielle Leistungsschau der Bühnentechnik-Industrie. Jedes Jahr berichten die Organisatoren stolz, welche technischen Neuerungen es diesmal wieder gibt. Seifenblasen, die mit Rauch gefüllt sind? Klingt nach WG-Party um halb drei nachts, ist aber nur ein weiteres Mittel, um die künstlerische Intention eines Auftritts noch besser herauszuarbeiten.

1959 in Cannes gab es drei verschiedene Drehbühnen, die für jeden Auftritt mit einer landestypischen Fototapete beklebt

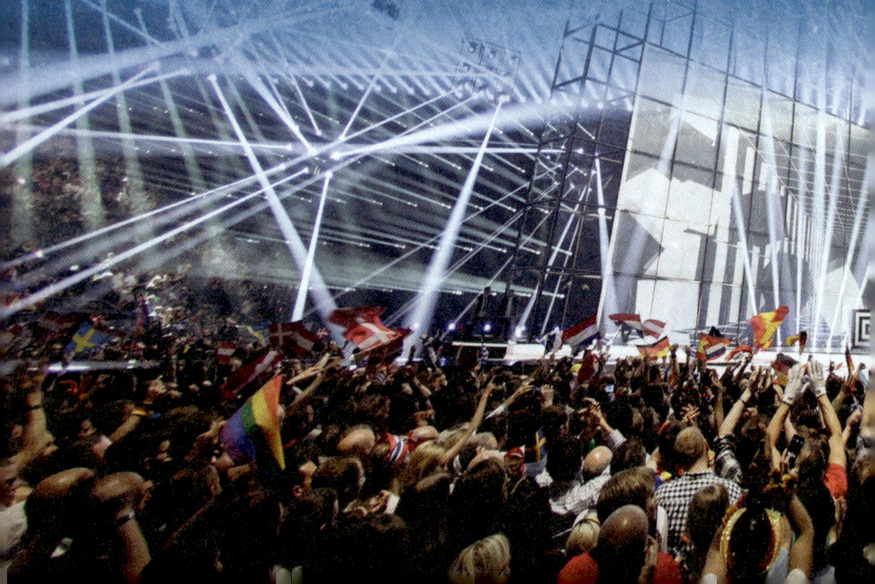

waren. Die spätere Siegerin Teddy Scholten aus den Niederlanden sang ihr „Een beetje“ deshalb natürlich vor einer Windmühle, Alice und Ellen Kessler verkündeten „Heute Abend wollen wir tanzen geh'n“ vor einem Bild aus dem Innenhof des Heidelberger Schlosses.

1967 verbreiteten rotierende Spiegel Kirmes-Atmosphäre in der Wiener Hofburg, 1969 in Madrid erinnerte eine abstrakte Edelstahl-Skulptur an Sparkassen-Schalterhallen, deren Direktoren sich der modernen Kunst verpflichtet fühlen. Ein wiederkehrendes Motiv in jener Zeit: alles, was rund war. 1970 hingen Kugeln und Halbkreise unmotiviert im Hintergrund herum, 1979 drehten sich konzentrische Kreise um die eigene Achse und erinnerten mal an einen Globus mit Äquator, mal an den Saturn mit seinen Ringen und mal an ein Auge.

Der Contest von 1985 sieht aus heutiger Sicht so aus, als habe er in der Baustelle einer Göteborger U-Bahn-Station stattgefunden, deren Bauarbeiter einfach bei jedem Lied andere Baugerüste, Neonröhren oder Schalungsplatten in den Hintergrund schoben. Und wenn man wissen will, woher diese Retro-Ästhetik stammt, die alles mit pink-blauen Neon-Quadraten zukleistert, muss man sich nur den ESC von 1988 anschauen.

Diejenige technische Entwicklung, die das Aussehen des Song Contest (und das jeder anderen TV-Show, unserer Innenstädte

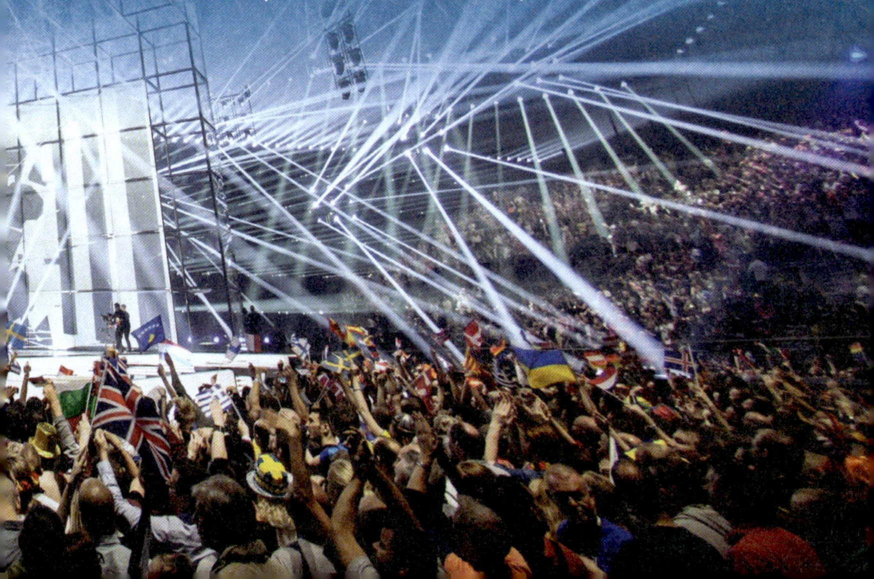

und Wohnungen) am meisten beeinflusste, war sicherlich die der Leuchtdiode, kurz LED (vom Englischen „light-emitting diode"). In den frühen 2000er Jahren waren diese kleinen Dinger, die man bisher vor allem als rote Kontrollleuchten an Geräten kannte, immer kleiner geworden und konnten in allen Farben leuchten. Genügend von diesen Dingern nebeneinander ergeben so Panels, die wie Fernseher mit Bildinhalten bespielt werden können. Die LED-Bühne war geboren.

2003 wurden LED-Panels erstmals im Bühnenboden verbaut, so dass dort nun auch Animationen und Videos laufen konnten. Bis heute hält sich das Gerücht, dass 2009 in Moskau zwei Drittel der weltweit vorhandenen LED-Fläche im Einsatz waren, um als Teil der über 100 Meter langen LED-Wand zu fungieren.

Einer, der den Look moderner TV-Shows maßgeblich mitprägte, ist der Münchener Florian Wieder. Er hatte schon einen internationalen Ruf als Stagedesigner, als er 2011 die Bühne für den Song Contest in Düsseldorf entwarf. Seitdem gestaltete er bei allen ESC-Shows außerhalb Skandinaviens die Bühne.

Die Bühne ist natürlich nur die halbe Miete: Darauf muss ja auch immer noch etwas passieren – und wenn man sich die ESC-Inszenierungen der vergangenen Jahre anschaut: möglichst viel, möglichst gleichzeitig. Bunte Animationen auf den LED-Wänden! Große Requisiten, die über die Bühne bewegt werden! Akrobatische Tanzeinlagen: eh! Bodennebel! Funkenregen! Feuerstöße! Dass das alles schon mal aus dem Ruder laufen kann und das TV-Publikum hinterher die Sängerin vor lauter Nebel (Georgien, 2015) oder den Sänger vor lauter Feuer (Polen, 2021) kaum noch sieht, gehört zum Risiko der Veranstaltung dazu.

Dima Bilan wurde bei seinem Auftritt 2008 vom Geiger Edvin Marton (so weit normal) und von Jewgeni Pljuschtschenko, Olympiasieger im Eiskunstlauf, begleitet, der Pirouetten auf einer künstlichen Eisfläche drehte, deren Ausmaße denen eines größeren Esstischs entsprachen. Vor allem Letzterer lenkte eindrucksvoll von Bilans Intonations- und Atemproblemen ab, so dass das Ergebnis nur lauten konnte: Platz 1 für Russland!

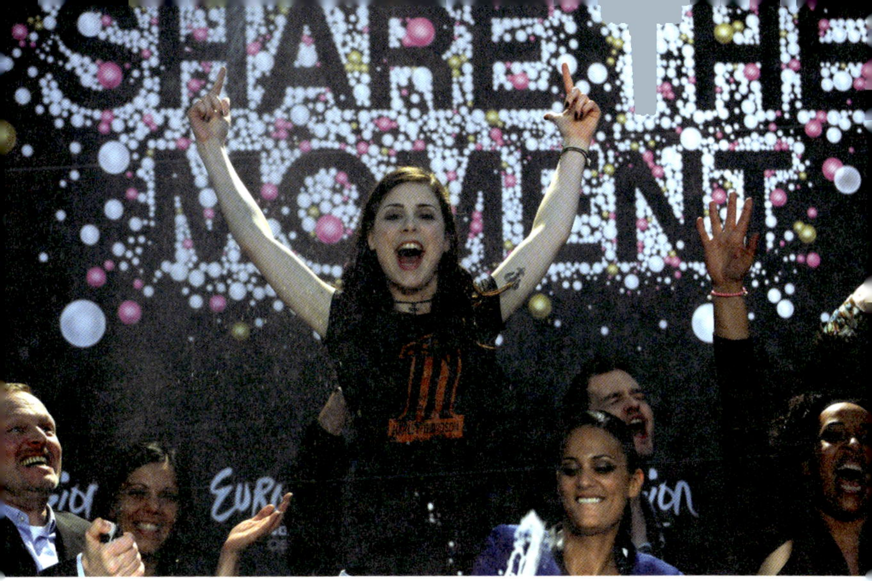

2010: In Lenas Orbit

Ich weiß noch, wie ich neben Stefan Niggemeier bei der Premierensendung von „Unser Star für Oslo" auf der Tribüne hockte. Stefan hatte mich bequatscht, ein gemeinsames Videoblog vom ESC in Oslo zu machen. Ich machte mir Notizen, während ich eigentlich darüber nachdachte, wie ich aus der ganzen Nummer wieder rauskomme. Dann kam Startnummer 10 von 10 und nach ein paar Sekunden sagte Stefan freudestrahlend: „Ist. Die. Cool!" Ich möchte ehrlich sein: Ganz so schnell ging es bei mir nicht. Aber als die 18-Jährige mit einem charmant ausufernden Namen fertig war mit ihrer Version von „My Same" von Adele, sagte auch ich: „Ja, gut: die isses!"

Ich möchte nicht behaupten, dass wir prophetische Fähigkeiten hatten – jedenfalls nicht mehr als Millionen andere Menschen, die an jenem 2. Februar 2010 Lena Meyer-Landrut zum ersten Mal sahen und wussten: Da könnten wir gerade einem großen Moment der Unterhaltungsgeschichte beiwohnen. Marius Müller-

Westernhagen, der in der Jury saß, erodierte quasi Jahrzehnte seiner schrecklichen Songs, als er ganz nüchtern und luzide feststellte: „Du hast Star-Appeal. Menschen werden Dich lieben!"

Zwischen der ersten „USFO"-Ausgabe und dem Song Contest standen aber noch fünf weitere Shows und ein Finale, in denen Lena einfach ihr Ding durchzog, während die mediale Aufmerksamkeit immer größer wurde. Sie kam natürlich ins Finale, aber als das Ergebnis der Telefonabstimmung verkündete, mit welchem der drei vorgestellten Songs sie in die letzte Abstimmungsrunde gegen Jennifer Braun (und aller Voraussicht nach nach Oslo) gehen sollte, zeigte Lena zum ersten Mal Nerven: „Satellite" war ganz offensichtlich nicht das Lied, das sie sich selbst gewünscht hätte. Ihr Lied war „Love Me", das Stefan Raab gemeinsam mit ihr geschrieben hatte, und das sah man jetzt auch. Es nützte alles nichts: Nun musste sie eben „Satellite" singen.

Lena gewann mit „Satellite" den Vorentscheid und als wir im U-Bahnhof Osloer Straße in Berlin endlich die erste Folge Oslog aufnahmen, ließ ich mich zu einer kühnen Behauptung hinreißen: „Sollte zum Sieg reichen, oder?" Stefan Niggemeier hielt angesichts von 38 weiteren Teilnehmerländern dagegen und war sich bis zum Schluss sicher, eine todsichere Wette eingegangen zu sein. Ich übrigens auch: Um den Wetteinsatz („Der Verlierer muss am Tag nach dem Grand Prix vor dem Osloer Hauptbahnhof ‚Satellite' von Lena Meyer-Landrut singen") einlösen zu können, hatte ich mir extra eine kleine, reisetaugliche Gitarre gekauft.

Als wir in Oslo ankamen, waren wir überrascht, wie groß der Hype um Lena war: Wo auch immer sie auftauchte, wurde sie von einer Traube von Kamerateams umringt. Die ganze Garde des Eurovisions-erprobten deutschen Boulevardjournalismus gab sich Mühe, irgendetwas über das Privatleben der frisch gebackenen Abiturientin herauszufinden, aber die beantwortete diesbezügliche Fragen mit einem langgezogenen „Nöööööt", was die Boulevard-Leute wahnsinnig arrogant fanden, aber da hatten sie schon keine Chance mehr, gegen die vorherrschende Stimmung anzusenden.

Ich könnte jetzt natürlich behaupten, es immer schon gewusst zu haben, aber als wir im Pressezelt neben der Halle auf Leinwänden die Liveshow guckten, hatte ich überhaupt keine Ahnung mehr, wer am Ende gewinnen würde. In den Wetten lag Lena seit Wochen vorne, aber die Marcel-Bezençon-Awards für die größte künstlerische Leistung waren drei Mal an Israel gegangen.

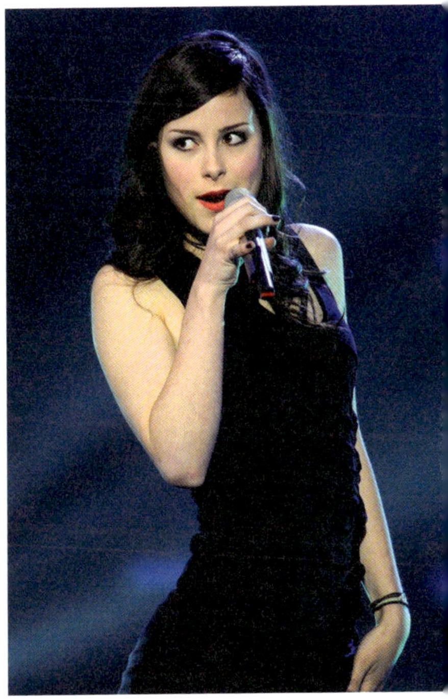

Nun: Wir wissen alle, wie der Abend ausging. Lena siegte mit 246 Punkten. Peter Urban wurde aus seiner Kommentatorenkabine auf die Bühne gejagt, um das traditionelle Sieges-Interview mit Lena zu führen. Und ich hatte mir mein Instrument ganz umsonst gekauft – Stefan Niggemeier hätte mal besser den Text zu „Satellite" gelernt.

Nach sehr wenig Schlaf schnitten wir die letzte Folge auf dem Hotelflur und konnten das Video gerade noch so bei YouTube hochladen, um den Zug zum Flughafen zu erwischen. Während Lena in Hannover von Christian Wulff (damals noch Ministerpräsident von Niedersachsen, viereinhalb Wochen später Bundespräsident) begrüßt wurde, machten wir uns auf den Heimweg. Nach der Landung erreichten mich mehrere SMS, ich hätte gerade in einer Dokumentation über Lena, die nach dem „Tatort" im Ersten lief, dem Kameramann die Zunge rausgestreckt. Es war wirklich an der Zeit, dass dieser Wahnsinn aufhörte!

AHA!

May we have your votes, please?

„Sweden: eight points, la Suède: huit points". Wenn man auch sonst selten Gelegenheit hat, die Zahlen von eins bis zwölf (ohne neun und elf, doch dazu später mehr) und die Namen vieler europäischer Staaten auf Englisch und Französisch aufzusagen: Falls man mal in die Verlegenheit kommen sollte, die Punktevergabe beim Eurovision Song Contest moderieren zu müssen, kommt hier der Moment, um zu glänzen.

Seit der zweiten Ausgabe des ESC 1957 gehört das fröhliche Schalten über den ganzen Kontinent fest zur Veranstaltung dazu. Damals lief es so ab, dass jedes Land zehn Juroren hatte, von denen jeder einen Punkt vergeben durfte. Während sich die britischen Stimmen nahezu gleichmäßig auf sechs verschiedene Länder verteilten (je zwei Punkte für Italien, Österreich, Frankreich und Dänemark, je einer für Luxemburg und die Niederlande), warf die Schweiz gleich sieben Punkte auf den späteren Sieger Niederlande, verteilte noch zwei ans Vereinigte Königreich und einen an Belgien.

Dieses Verfahren bestand fast anderthalb Jahrzehnte, aber nach dem Fiasko mit den vier Siegertiteln von 1969 und einer brutalen Häufung von Songs, die keinen einzigen Punkt bekamen in den 60er Jahren, sollte alles anders werden: Ab 1971 musste jedes der zwei Jurymitglieder eines Landes an jeden Titel zwischen einen und fünf Punkte vergeben. Das hieß theoretisch: Man konnte mehrere Favoriten haben und mit der vollen Punktzahl bedenken. Praktisch bedeutete es: Man konnte den anderen Ländern sehr wenige Punkte geben und hoffen, dass das eigene Land am Ende besser dasteht. Von 170 möglichen Punkten vergab die luxemburgische Jury 41, davon 13 Mal das absolute Minimum von zwei Punkten (der eigene Beitrag, „Pomme, pomme, pomme" von

Monique Melsen, kam trotzdem nur auf den 13. Platz). Das Verfahren wurde noch zwei Jahre mitgeschleift, dann kehrte man für den Contest von 1974 vorübergehend zum alten Verfahren zurück.

Die bis heute legendären zwölf Punkte („twelve points, douze points“) werden seit 1975 verteilt. Jedes Land erstellt seine Top 10 (das exakte Verfahren dafür variierte so oft, dass es ganze Bücher allein darüber gibt) und vergibt dann entsprechend einen Punkt an Platz 10, zwei an Platz 9, bis rauf zu zehn Punkten für Platz 2 und zwölf für Platz 1 (so konnte man das Risiko eines Gleichstands weiter minimieren).

Bis 2005 verkündete jede Spokesperson (so heißen die Leute, häufig ehemalige ESC-Kandidat*innen, die die Punkte ihres Landes vorlesen) jede einzelne Punktzahl, was bei damals 39 stimmberechtigten Ländern fast so viel Zeit in Anspruch nahm wie die Auftritte der 24 Finalist*innen selbst. Auch wenn klar war, dass das Prozedere zum Song Contest gehört wie das Amen in die Kirche, war das den allermeisten Beteiligten zu lang, so dass ab 2006 nur die Top 3 jedes Landes (acht, zehn und zwölf Punkte) verkündet wurden, während die niedrigeren Punktzahlen einfach eingeblendet wurden.

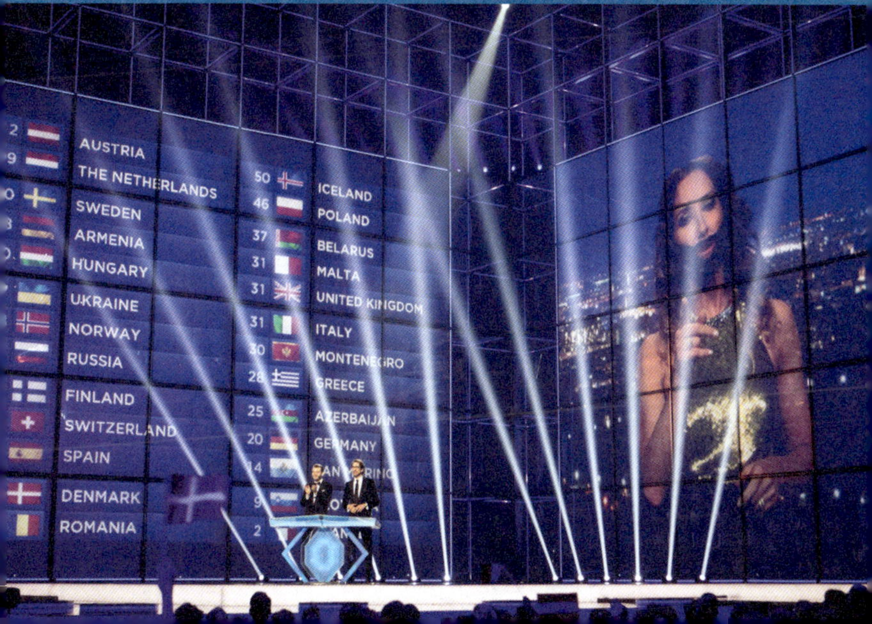

Auch wer genau über die Punkte entschied, änderte sich im Laufe der Jahre mehrfach: Anfangs waren es „Expertenjurys", dann sollten es explizit „Laien" sein, mal wurden die Alter der Jurymitglieder exakt festgelegt. Ab 1997 experimentierte die EBU mit dem Televoting, bei dem das Publikum in den einzelnen Ländern per Telefon und SMS abstimmen kann (dies war die Geburtsstunde des Schnelldurchlaufs, bei dem alle Songs des Abends noch einmal kurz gezeigt werden); ab 2003 war diese Form der Abstimmung verpflichtend und die Jurys wurden nur noch für Notfälle oder in Ländern mit mangelhafter Telefonabdeckung bereitgehalten.

2009 dann die halbe Rolle zurück: Die Jurys waren in jedem Land wieder da, aber zusätzlich zum Televote – jede Gruppe machte nun 50% der Stimmen aus, in Zweifelsfällen entschied das Votum des Publikums.

Die größte sichtbare Revolution seit 41 Jahren gab es dann 2016 in Schweden: Zunächst sollten wie gehabt die Jurypunkte aus jedem Land vergeben werden (wobei die Spokesperson nur noch die zwölf Punkte ansagt, der Rest wird eingeblendet), danach verlesen die Moderator*innen die akkumulierten Publikumspunkte für jedes Land. Das heißt auch: Insgesamt sind doppelt so viele Punkte zu vergeben und es bleibt spannend bis zum Schluss.

Dieses neue Verfahren ist nicht nur wahnsinnig kompliziert zu erklären (am letzten Absatz habe ich so lange gesessen, wie die Punktevergabe 2005 dauerte), es führte schon bei seiner Premiere zu dem bizarren Effekt, dass Australien nach den Jurystimmen vorne lag, Russland das Televote gewann – und am Ende die Ukraine den ESC.

Für uns hat niemand angerufen

Wann immer Deutschland beim ESC schlecht abschneidet (also in den letzten Jahren: relativ oft), stimmen das Publikum und meinungsfreudige, aber rechercheskeptische Medien den gleichen Klagegesang an: „Buhuu, niemand mag uns, für uns hat ja schon wieder keiner angerufen!"

Nun ist es bei Hunderten Millionen Menschen vor den Fernsehern und rund 200 ausländischen Jurymitgliedern einigermaßen unmöglich, am Geschmack aller vorbeizuschießen, aber die Punktevergabe, die seit 1975 – und auch nach den Änderungen 2016 – gilt, hat einen entscheidenden Nachteil: Sie belohnt jeweils nur die Top 10 eines Landes (sowohl bei der Jury als auch beim Publikum) mit Punkten. Das bedeutet konkret: Man könnte theoretisch in über 40 Ländern auf Platz 11 landen und stünde am Ende mit null Punkten da, während ein anderes Land, das überall zwischen 20 und 25 rangiert, aber in einem einzigen Land auf Platz 10 gewählt wurde, mit einem Zähler vor einem landet.

Praktisch wird dieser Fall nie eintreten, aber das Beispiel zeigt, dass Songs, die überall im Mittelfeld landen, am Ende schlechter abschneiden können als solche, die polarisieren und nur in einzelnen Ländern gut ankommen. Obwohl die EBU nach dem Grand Final die genauen Ranglisten jedes Landes (wieder: sowohl Jury als auch Publikum) veröffentlicht, hat alles von Rang 11 abwärts faktisch keine Bedeutung.

Dieser Effekt war 1975 bei 19 Teilnehmerländern (wobei ja keines für sich selbst abstimmen darf) noch einigermaßen zu vernachlässigen, aber bei 26 Ländern im Finale wird er deutlich bemerkbar.

Zero points

Wer an einem Wettbewerb teilnimmt, geht das Risiko ein, nicht zu gewinnen. Von den mehr als 20 Teilnehmer*innen beim Song Contest muss irgendjemand auf dem letzten Rang landen. Noch schlimmer: Wenn man ohne einen einzigen Punkt aus dem Abend rausgeht.

Zum ersten Mal passierte das 1962 – und dann gleich vier Ländern: Belgien, Spanien, Österreich und die Niederlande gingen als erste „zero points"-Nationen in die ESC-Historie ein. Schuld daran war in erster Linie ein neues Wertungssystem: Hatten zuvor in jedem Land zehn Jurymitglieder ihrem persönlichen Favoriten einen Punkt gegeben, wurden die Stimmen nun in jeder nationalen Jury erst intern ausgewertet und anschließend die drei beliebtesten Songs mit drei, zwei und einem Punkt bedacht. Ein Verfahren, das jede Menge Verlierer produzieren musste: Selbst der spätere Sieger Frankreich bekam aus drei Ländern gar keinen Punkt.

Trotz ständiger Änderungen am Voting-Verfahren zogen sich die Null-Punkte-Wertungen auch durch die folgenden Jahre. Deshalb gab es dann ab 1975 einen neuen Modus mit den bis heute bekannten 12 Punkten als Höchstwertung. Doch auch diese Änderung konnten nicht lange verhindern, dass ein Land komplett leer ausging: 1978 erwischte es den Norweger Jahn Teigen.

Mit der Einführung der Halbfinals wurden die „zero points" eigentlich immer unwahrscheinlicher: Im Finale mit 25 oder 26 Songs sind jeweils um die 40 Länder stimmberechtigt – da sollte doch für alle etwas dabei sein. Das ging von 2004 bis 2014 genau elf Mal gut, dann schlug das Schicksal gleicht doppelt zu: 2015 in Wien erhielten sowohl Gastgeber Österreich als auch der Nachbar Deutschland keine Punkte. Weil Österreich einen früheren Startplatz hatte, galt Deutschland offiziell als Letzter.

Im Folgejahr wurde deshalb zum ersten Mal seit über 40 Jahren die Punktevergabe gründlich reformiert: Weil aus jedem Land jetzt die Jury und das Publikum einzeln abstimmen, können insgesamt doppelt so viele Punkte vergeben werden. Der Ablauf, bei dem alle für ein Land abgegeben Publikums-Punkte zusammengerechnet verlesen werden, konnte jetzt allerdings dazu führen, dass tatsächlich die ernüchternden Worte „zero points" fallen – ein Schicksal, das dann gleich bei der Premiere die Tschechische Republik ereilte.

Weitere Änderungen an der Präsentation führten 2021 dazu, dass James Newman aus dem Vereinigten Königreich, der von den Jurys null Punkte erhalten hatte, groß im Bild war, als er erfuhr, dass er auch vom Publikum keinen einzigen Punkt ergattert hatte. Der Plan, mit einem veränderten Voting-Verfahren wenigstens zu verhindern, dass ein Land mit null Punkten nach Hause geht, war also schon wieder gescheitert. Und es wurde noch schlimmer, denn im Anschluss bekamen auch Jendrik aus Deutschland (3 Jury-Punkte), Blas Cantó aus Spanien (6 Jury-Punkte) und Jeangu Macrooy aus den gastgebenden Niederlanden (11 Jury-Punkte) jeweils „zero points" zu hören. Es wäre also mal wieder Zeit für eine Regel-Änderung ...

Alle 37 Null-Punkte-Songs:

1962	Belgien	Fud Leclerc – Ton nom
	Niederlande	De Spelbreker – Katinka
	Österreich	Eleonore Schwarz – Nur in der Wiener Luft
	Spanien	Víctor Balaguer – Llámame
1963	Finnland	Laila Halme – Muistojeni laulu
	Niederlande	Annie Palmen – Een speeldoos
	Norwegen	Anita Thallaug – Solhverv
	Schweden	Monica Zetterlund – En gång i Stockholm
1964	Deutschland	Nora Nova – Man gewöhnt sich so schnell an das Schöne
1964	Jugoslawien	Sabahudin Kurt – Život je sklopio krug

1964	Portugal	António Calvário – Oração
	Schweiz	Anita Traversi – I miei pensieri
1965	Belgien	Lize Marke – Als het weer lente is
	Deutschland	Ulla Wiesner – Paradies, wo bist du?
	Finnland	Viktor Klimenko – Aurinko laskee länteen
	Spanien	Conchita Bautista – Qué bueno, qué bueno!
1966	Italien	Domenico Modugno – Dio, come ti amo
	Monaco	Téréza – Bien plus fort
1967	Schweiz	Géraldine – Quel cœur vas-tu briser?
1970	Luxemburg	David Alexandre Winter – Je suis tombé du ciel
1978	Norwegen	Jahn Teigen – Mil etter mil
1981	Norwegen	Finn Kalvik – Aldri i livet
1982	Finnland	Kojo – Nuku pommiin
1983	Türkei	Çetin Alp and the Short Waves – Opera
	Spanien	Remedios Amaya – ¿Quién maneja mi barca?
1987	Türkei	Seyyal Taner & Lokomotif – Şarkım sevgi üstüne
	Österreich	Wilfried – Lisa Mona Lisa
1989	Island	Daníel Ágúst Haraldsson – Það sem enginn sér
1991	Österreich	Thomas Forstner – Venedig im Regen
1994	Litauen	Ovidijus Vyšniauskas – Lopšinė mylimai
1997	Norwegen	Tor Endresen – San Francisco
	Portugal	Célia Lawson – Antes do adeus
1998	Schweiz	Gunvor – Lass ihn
2003	Vereinigtes Königreich	Jemini – Cry Baby
2015	Österreich	The Makemakes – I Am Yours
	Deutschland	Ann Sophie – Black Smoke
2021	Vereinigtes Königreich	James Newman – Embers

AHA!

Die Big 5

Das Schöne am Song Contest ist ja, dass ein riesiges Land wie Russland und ein kleines Land wie San Marino quasi gleichberechtigt aufeinandertreffen: Wer mit seinem Song mehr Menschen erreicht, landet weiter vorne. Fünf Länder bilden allerdings Ausnahmen: Deutschland, Frankreich, Italien, Spanien und das Vereinigte Königreich sind die sogenannten „Big 5", die (neben dem Gastgeber) automatisch für das ESC-Finale gesetzt sind.

Das hängt damit zusammen, dass diese fünf Länder (bzw. ihre Sendeanstalten) zu den größten Geldgebern der EBU gehören und hohe Einschaltquoten garantieren.

Die „Big 5"-Regelung (bis zur Rückkehr Italiens 2011 waren es die „Big 4") stößt immer wieder auf Kritik: Zum einen bemängeln die anderen Nationen diese Ungerechtigkeit. Zum anderen äußern aber auch Vertreter der „Big 5" selbst manchmal, dass es ihren Ländern vielleicht guttäte, durchs Halbfinale zu gehen – und sich dort dem internationalen Publikum vorzustellen.

Seit der Einführung der Sonderregel im Jahr 2000 landete neun Mal eine Big-5-Nation auf dem letzten Platz, seit 2014 wurde sogar durchgehend ein Land Letzter, das für das Finale gesetzt war. Das hat vielleicht mit Missgunst gegenüber den bereits qualifizierten Ländern zu tun, bestimmt mit der musikalischen Qualität, aber sicherlich auch mit dem psychologischen Effekt, dass man im Finale meist für das Land anruft, für das man bereits im Halbfinale gestimmt hat.

Tatsächlich konnte nur in zwei Fällen eine der „großen" Nationen gewinnen: Deutschland 2010 und Italien 2021. Italien untergräbt übrigens auch die These, dass es wirklich einen Unterschied macht, ob das Publikum einen Song am Finalabend zum ersten Mal hört: Bei seinen zehn Teilnahmen als „Big 5"-Nation landete das Land acht Mal in den Top 10, davon vier Mal auf dem Treppchen.

Die Politik des ESC

Der Song Contest soll, das betont die EBU immer wieder, eine unpolitische Veranstaltung sein. Das war natürlich von Anfang an Quatsch: Die ganze Veranstaltung folgte ja einerseits dem Ziel der Völkerverständigung in West- und Mitteleuropa, andererseits der Abgrenzung sowohl gegen den „Ostblock“ als auch gegen die USA, hatte also durchaus einen politischen Zweck.

Dass Deutschland elf Jahre nach Kriegsende mitmachen durfte, ist bemerkenswert; dass der erste deutsche Beitrag eine Auseinandersetzung mit der NS-Vergangenheit war, ebenfalls.

1970 schickte Irland Dana, ein katholisches Schulmädchen aus dem protestantisch dominierten Nordirland, und gewann erstmals den ESC. Der Song Contest 1974 wurde in Italien nicht live übertragen, weil der eigene Beitrag von Gigliola Cinquetti, „Sì“, als unterschwellige Botschaft hätte verstanden werden können, bei einer Volksabstimmung über das Scheidungsrecht fünf Wochen nach dem ESC mit „Ja“ zu stimmen, was eine Rückkehr zum Scheidungsverbot bedeutet hätte. 1982 sang Nicole zum Falkland-Krieg „Ein bisschen Frieden“, 1993 floh der Sänger Fazla

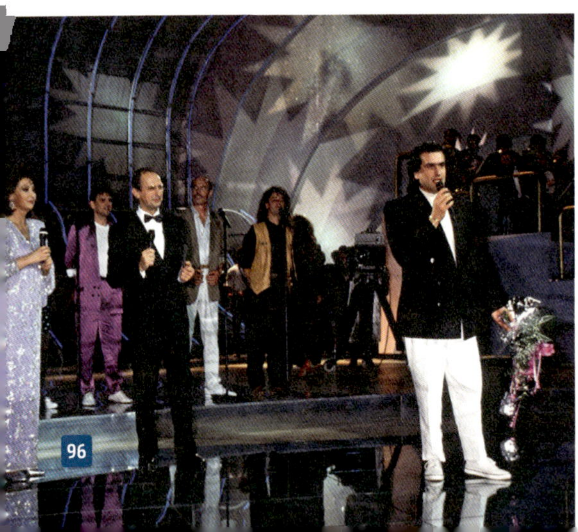

Vielleicht doch ein bisschen politisch: der Siegertitel von Toto Cutugno „Insieme: 1992“ beim ESC 1990

aus dem belagerten Sarajewo, um für Bosnien und Herzegowina am ESC teilzunehmen, und 1999 in Jerusalem kamen alle Teilnehmer*innen am Ende des Abends zusammen, um für die Opfer des Kosovo-Kriegs jenes „Hallelujah“ anzustimmen, mit dem Gali Atari und Milk & Honey 1979 für Israel gewonnen hatten.

Der politischste ESC überhaupt war sicherlich der von 1990, aber da war der Fall der Berliner Mauer keine sechs Monate her und alles gut gemeint. Es schien, als hätten sich die Länder dazu verabredet, sich gegenseitig mit feuertrunkenen Oden an die Freude zu überbieten: Für die Schweiz sang Egon Egemann „Musik klingt in die Welt hinaus“ (Platz 11), für Österreich freute sich Simone „Keine Mauern mehr“ (Platz 10) und für die BRD stimmten Chris Kempers & Daniel Kovac „Frei zu leben“ an (Platz 9). Ausgerechnet der Norweger Ketil Stokkan besang das „Brandenburger Tor“ und landete mit diesem denkwürdigen Stimmungsschlager auf dem vorletzten 21. Rang. Der Abend aber gehörte Toto Cutugno und seinem Loblied auf die Europäische Union: „Insieme: 1992“ gewann.

Auch das Thema Umweltschutz wurde beim ESC schon früh verhandelt: 1971 besang Katja Ebstein „Diese Welt“, 1980 sangen die Norweger Sverre Kjelsberg und Mattis Hætta gegen den Bau eines Staudamms in der Finnmark und für mehr Unabhängigkeit für das indigene Volk der Samen.

Wie nah Politik und Pop beieinanderliegen, zeigt sich immer, wenn es wirklich ernst wird: Armenien und Aserbaidschan haben den Bergkarabachkonflikt jahrelang auch in Details am Rande des ESC ausgetragen – bis hin zu dem Umstand, dass Menschen in Aserbaidschan, die für das verfeindete Nachbarland gestimmt hatten, 2009 vom Ministerium für Nationale Sicherheit befragt wurden. Die russische Sängerin Polina Gagarina wurde 2015 in Wien ausgebuht, als hätte sie persönlich im Jahr zuvor die Krim annektiert, und der Sieg der Ukraine 2016 in Stockholm hatte sicherlich auch mit dem Inhalt von Jamalas „1944“ zu tun: Das Lied behandelt die Deportation der Krimtartaren durch Stalins Truppen.

Wer singt schon in Düsseldorf?

Gewinnt man den Eurovision Song Contest, geht die eigentliche Arbeit für die Verantwortlichen im Fernsehsender des Siegerlandes erst los: Sie müssen innerhalb eines Jahres den nächsten ESC veranstalten. Sofort bemühen sich Lokalpolitiker*innen, Prominente, Unternehmen und Medien zu erklären, warum das Mega-Event ausgerechnet in ihrer Heimatstadt stattfinden müsse. Dann erfahren sie, was das eigentlich bedeutet, und einige von ihnen sind sofort wieder still.

Nachdem Lena 2010 in Oslo gewonnen hatte, nahm dieser Gang der Dinge auch in Deutschland seinen Lauf. Im Oktober 2010, rund sieben Monate vor dem geplanten Song Contest, erklärte der NDR, dass der ESC in der Esprit-Arena in Düsseldorf stattfinden werde, dem einzigen Fußballstadion in Deutschland, das komplett mit einem Dach verschlossen und abgedunkelt werden kann.

Die Tickets für das Finale waren innerhalb eines Tages ausverkauft, Italien kündigte nach 14 Jahren seine Rückkehr zum „Eurofestival" an und mit einem Teilnehmerfeld von 43 Ländern wurde die bisherige Bestmarke von 2008 eingestellt.

Düsseldorf, das mit Clara und Robert Schumann sowie Bands wie den Toten Hosen, Fehlfarben und Kraftwerk ja durchaus schon seinen Beitrag zur deutschen Musikgeschichte geleistet hatte, putzte sich kräftig heraus: Überall hingen die Fahnen der Teilnehmerländer, es gab Ausstellungen zur Geschichte des ESC und in der Gastronomie das „Lena-Gedeck" (ein Altbier und ein Lakritzschnaps).

Für die Moderation der drei Shows hatte der NDR Stefan Raab, Anke Engelke und Judith Rakers verpflichtet. Für Raab war es (nach Komponist, Dirigent, Sänger und Produzent) die letzte Rolle, die ihm in seinem persönlichen ESC-Bingo noch fehlte. Ange Engelke, in Montreal geboren und dreisprachig aufgewachsen, war schon deswegen eine Idealbesetzung für die Aufgabe, brachte aber auch noch so viel Spaß und Improvisationsfreude mit, dass selbst lange Probentage mit ihr nicht langweilig wurden. Und Judith Rakers durfte zeigen, dass sie nicht nur hinter einem Pult stehen und „Tagesschau"-Meldungen vorlesen kann.

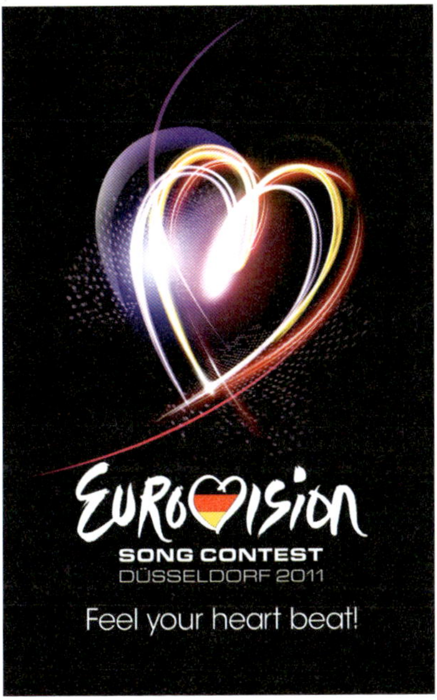

Da Lena mit „Taken By A Stranger" wieder am Wettbewerb teilnahm, musste die Tradition, dass das Grand Final mit dem Siegertitel des Vorjahres eröffnet wird, etwas abgewandelt werden: Stefan Raab sang und trommelte eine Rockabilly-Version von „Satellite", zu der am Ende 42 Lena-Lookalikes und die echte Lena auf die Bühne kamen.

Ob Düsseldorf mit 38.000 Menschen in der Halle nun das größte Live-Publikum der ESC-Geschichte hatte oder ob es 2001 in Kopenhagen vielleicht genauso viele waren, ist am Ende schon egal: Es waren sehr gute Liveshows und Lena landete noch einmal auf einem respektablen zehnten Platz. Die allermeisten Beteiligten werden froh gewesen sein, dass sie nicht noch mal gewann, sondern das Duo Ell & Nikki aus Aserbaidschan („Running Scared"). Nach einem Jahr Vorbereitung und sehr wenig Schlaf in den Wochen vor dem Finale freuten sich alle auf eine Rückkehr in den Alltag. Der ESC-Circus zog weiter nach Baku.

Die Interval Acts

Zwischen dem im Optimalfall unterhaltsamen Teil mit den ganzen Beiträgen und dem spannenden Teil mit der Punktevergabe liegt beim Song Contest der Teil, in dem abgestimmt werden muss. Das braucht Zeit, und weil im Live-TV ja immer irgendetwas passieren muss, bestand von Anfang an Bedarf an dem, was man heute Interval Act nennt.

In den ersten Jahren wurde die Zeit einfach vom anwesenden Orchester überbrückt. Doch auf Dauer musste es natürlich mehr sein: 1963 wurde die Livemusik mit ein wenig Artistik auf einem Fahrrad aufgepeppt, 1967 sangen die Wiener Sängerknaben „An der schönen, blauen Donau" und 1974 stellte die BBC dem internationalen Publikum die flauschigen Wombles aus dem Kinderfernsehen vor. Weil die Iren schon 1981 gute Erfahrungen mit einer folkloristischen Tanz-Performance gemacht hatten, setzten sie 1994 wieder auf heimische Tänze und Musik: Beim ESC fand die Weltpremiere von „Riverdance" statt, jenem Tanzprojekt um Michael Flatley, das in den folgenden Jahren international wahnsinnig erfolgreich werden sollte.

Durch die Halbfinals und immer längere Voting-Phasen stieg der Bedarf an zusätzlichen Programmelementen, so dass Einspiel-Filmchen, Artistik und Tanztheater inzwischen ähnlich zum Standard-Repertoire gehören wie ein Auftritt des siegreichen Acts des Vorjahres, um die neue Single zu promoten.

Zu den legendärsten Interval Acts der ESC-Geschichte gehören auf alle Fälle der Flashmob, der 2010 zu den Klängen von Madcons „Glow" in der Osloer Arena startete und durch ganz Europa tanzte, und „Love Love Peace Peace", die Parodie/Hommage, in der Petra Mede und Måns Zelmerlöw 2016 so ziemlich alle Zutaten unterbrachten, die für eine erfolgreiche Teilnahme am ESC vonnöten sind. Måns Zelmerlöw, der Sieger von 2015, ist übrigens der inoffizielle König des Interval Acts, denn er tauchte auch 2017, 2019 und 2021 in verschiedenen Rollen noch einmal auf.

Deutschland nutzte seine beiden Gelegenheiten, sich Europa zu präsentieren, höchst unterschiedlich nicht: 1983 in München tanzte Marlene Charell mit dem „Song Contest Ballett" rund sieben Minuten lang zu deutschen Liedern, die internationale Hits geworden waren. 2011 in Düsseldorf brachte Jan Delay die Halle zum Kochen, sorgte international aber eher für Ratlosigkeit. Graham Norton kommentierte bei der BBC: „Beim ESC gibt es traditionell spektakuläre Auftritte als Interval Act. Deutschland hat sich entschieden, mit dieser Tradition zu brechen."

2016 kündigte die EBU sehr kurzfristig an, dass Justin Timberlake Interval Act beim Grand Final in Stockholm werden würde. Manche hatten Angst, dass so ein Superstar von den Teilnehmer*innen ablenken würde, aber die Stimmung im Green Room war nie besser als in der Zeit, wo er „Can't Stop The Feeling!" sang.

2019 buchte ein israelischer Geschäftsmann Madonna für den ESC in Tel Aviv. Die Vorfreude war zu Beginn ihres Auftritts förmlich zu greifen. Die Fassungslosigkeit, nachdem sie „Like A Prayer" in halber Geschwindigkeit und irgendeiner Phantasie-Tonart zum Schlechtesten gegeben hatte, allerdings auch.

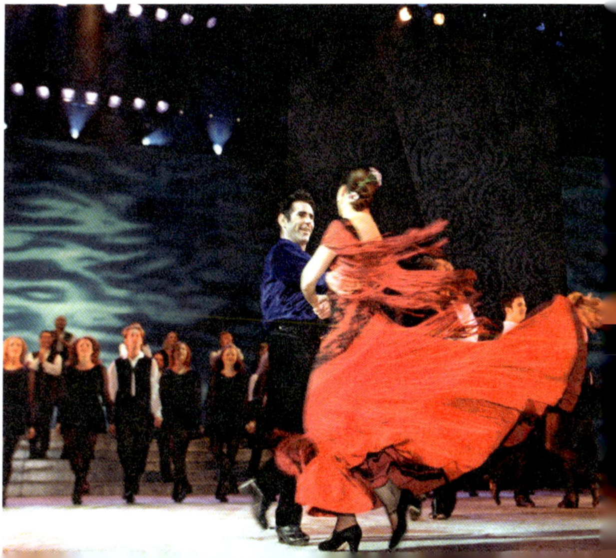

„Riverdance" feierte Weltpremiere als Interval Act beim ESC.

AHA!

Die Wochen vor Ort

„Was macht Peter Urban eigentlich an den anderen 364 Tagen im Jahr?“, ist eine Frage, die am Abend des Grand Finals immer wieder in den Social-Media-Kanälen auftaucht. Das ist leicht beantwortet („Er macht Radiosendungen“), aber die Frage hat den Denkfehler, anzunehmen, so ein ESC sei ein einzelner Abend im Mai.

Seit dem Song Contest in Malmö im Jahr 2013 sitze ich als Assistent von Peter Urban neben ihm in der deutschen Kommentatorenkabine. Seitdem weiß ich, wie groß der Aufwand, den so ein ESC bedeutet, wirklich ist.

Für die technischen Crews beginnt die Arbeit in der Arena sechs bis acht Wochen vor der großen Finalshow: Sie müssen Kabel verlegen, Scheinwerfer und Lautsprecher aufhängen und die Bühne aufbauen. In weiteren großen Hallen werden 26 Garderoben für die Delegationen und das Pressezentrum mit über 1.000 Arbeitsplätzen eingerichtet.

Wenn die Bühne steht und die Technik eingerichtet ist, beginnen die Proben – lustigerweise, bevor die erste Delegation gelandet ist. Jedes Land muss ein Video und genaue Beschreibungen einreichen, wie der eigene Auftritt aussehen soll, und dann werden die Bewegungsabläufe und Kameraeinstellungen mit Musicalstudent*innen geprobt. Außerdem probt die Bühnencrew immer wieder den Auf- und Abbau jedes Acts, der später in den 40 Sekunden des Einspielfilms geschafft werden muss.

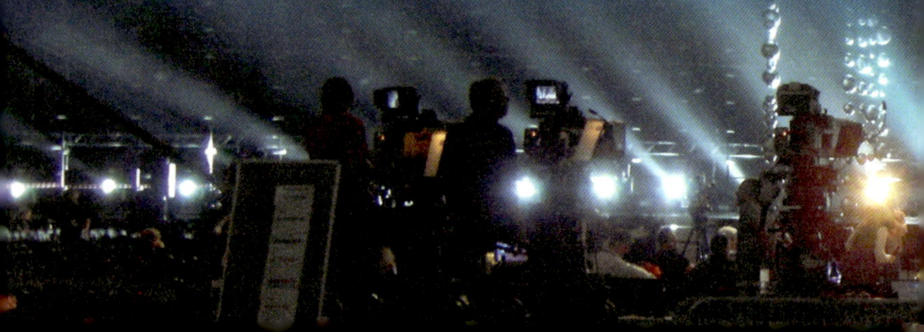

Etwa zwei Wochen vor dem Finale beginnen die Einzelproben der Länder: Nach einem genau getakten Zeitplan bekommt jedes Land zunächst eine halbe Stunde Zeit, um den Auftritt auf der großen Bühne zu proben. Jede Kameraeinstellung, jede Geste ist vorab festgelegt und einstudiert. Wenn der Auftritt Pyrotechnik vorsieht, kommt diese erst beim letzten Durchgang zum Einsatz.

Diese Einzelproben nehmen vier Tage in Anspruch. Dann geht es wieder von vorne los mit den zweiten Einzelproben: Diesmal stehen den einzelnen Delegationen nur noch 20 Minuten zur Verfügung. Um die Proben herum gibt es üblicherweise viele Pressetermine – je größer das (internationale) Interesse, desto besser.

Am Samstag oder Sonntag vor der Finalwoche gibt es eine große „Welcome Reception", die die offizielle „Eurovision Week" eröffnet: Alle Acts gehen über einen langen Teppich, der jedes Jahr eine andere Farbe hat, aber ungefähr nie rot ist, geben Interviews und dürfen sich für einen Moment wie Superstars fühlen. Es gibt Häppchen und Getränke, der Bürgermeister (manchmal auch: der Staatspräsident) sagt ein paar salbungsvolle Worte und dann sehen alle zu, dass sie schnell ins Bett kommen, weil es ab jetzt wirklich anstrengend wird.

Montags beginnen die sogenannten Durchlaufproben, bei denen die Shows von vorne bis hinten durchgespielt werden: Mittags gibt es den ersten Durchlauf, bei dem die akkreditierte Presse in der Halle sitzt, abends die Generalprobe vor Publikum, die auch die Jurys in ihren Heimatländern schauen und auf deren Basis sie abstimmen. Am nächsten Tag gibt es mittags eine „Familienshow", für die die Karten vergleichsweise günstig sind, und abends die Liveshow des ersten Halbfinals. Am Mittwoch beginnt das gleiche Prozedere fürs zweite Halbfinale: 1. Probe, Juryfinale, Familienshow, Liveshow.

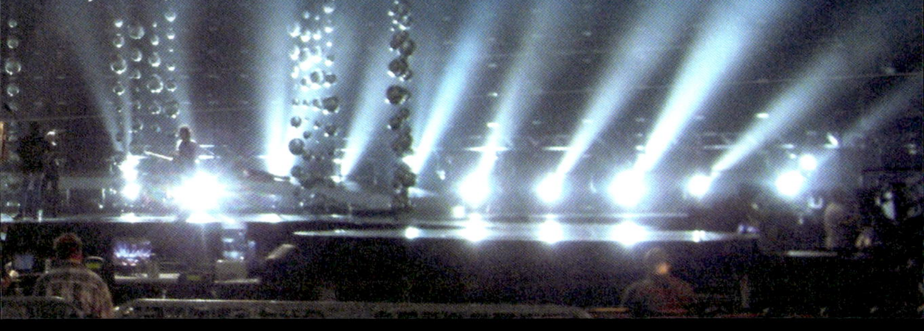

Wenn nach dem zweiten Halbfinale klar ist, welche Songs ins Finale gekommen sind, legen die Verantwortlichen des Gastgebersenders noch in der Nacht zum Freitag die Reihenfolge der Auftritte fest. Vor 2013 wurde die Startreihenfolge gelost, aber die Macher wollten mehr Freiheiten bei der Planung haben; zum einen, um keine aufwendigen Ab- und Aufbauten direkt hintereinander zu haben, zum anderen, weil die Show einer gewissen Dramaturgie folgen soll. Damit der Song des Gastgeberlandes nicht bevorzugt wird, wird dessen Startnummer als einzige immer noch gelost. Bei allen anderen Ländern wird lediglich per Los bestimmt, ob sie in der ersten oder zweiten Hälfte der Show auftreten.

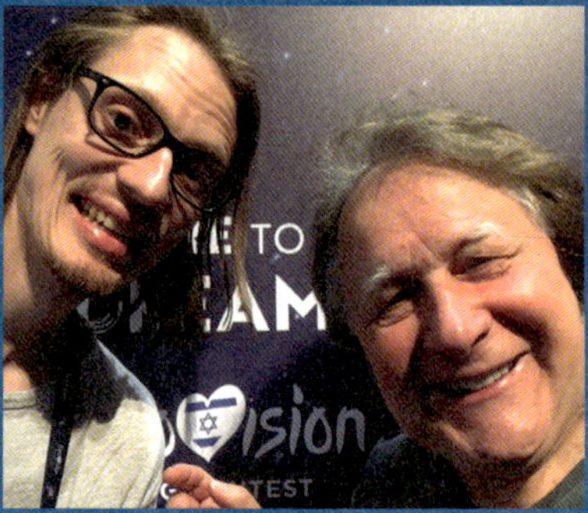

Autor Lukas Heinser und Peter Urban sind schon lange vor der Final-Show vor Ort.

Ab Freitag wird es im Aufenthaltsbereich rund um die Garderoben, der sogenannten Delegation Bubble, richtig voll, denn dann beginnen die Durchlaufproben fürs Grand Final, das auch wieder vier Mal komplett zur Aufführung kommt – zuletzt als Liveshow für mehrere hundert Millionen Menschen weltweit.

Während das Publikum die Halle verlässt und die siegreiche Delegation zu ihrer großen Pressekonferenz zieht, beginnen in der Halle die Abbauarbeiten: Die Technik wird aus den Kommentatorenkabinen ausgebaut, bevor die Kabinen selbst abgebaut werden; die Fernsehtechnik wird eingepackt, die Lautsprecher und Scheinwerfer werden verstaut. Wenn man zwei, drei Tage nach dem Grand Final noch einmal an der Arena vorbeischaut, kann man Requisiten und Sperrholzplatten sehen, die Teil des Bühnenbilds waren und jetzt auf die Sperrmüllabfuhr warten.

I come from a land down under

Es gibt Fragen, die man besser schon beantwortet hat, bevor am Finalabend die Eurovisionsfanfare erklingt. Eine davon lautet definitiv: „Warum darf Australien eigentlich am ESC teilnehmen?“

Nun: Australien – oder, genauer: die öffentlich-rechtliche australische Rundfunkanstalt SBS – ist seit 1979 sogenanntes Assoziiertes Mitglied der EBU, was theoretisch jeder Sender werden kann, der außerhalb Europas ein Radio- oder Fernsehprogramm anbietet. Seit 1983 überträgt SBS den Song Contest.

Nachdem Australien 2014 einen „Gastbeitrag“ als Interval Act zum 2. Halbfinale entsandt hatte, räumte die EBU Land und Sender zum 60. Jubiläum 2015 die „einmalige“ Gelegenheit ein, als Gast am ESC teilzunehmen: Australien durfte als einziges Land in beiden Halbfinals abstimmen und war automatisch fürs Finale gesetzt, weswegen es in Wien ausnahmsweise 27 Länder im Finale gab (was Deutschland den historisch einmalig schlechten 27. Platz bescherte). Falls Guy Sebastian mit seinem Song „Tonight Again“ gewonnen hätte, so die damalige Ansage, hätte das Land im Folgejahr noch einmal antreten dürfen – wobei die EBU von Anfang an erklärte, dass auch im Falle eines Sieges der ESC nicht in Australien selbst stattfinden würde, sondern ein anderes europäisches Land mit der Ausrichtung beauftragt würde.

Sebastian wurde Fünfter, aber auch 2016 in Stockholm durfte Australien überraschend wieder teilnehmen, musste diesmal aber, so wie die meisten anderen Länder, das Halbfinale durchlaufen. Dami Im gewann mit „Sound Of Silence“ die Jury-Wertung deutlich, musste sich am Ende des Abends aber Jamala aus der Ukraine geschlagen geben. Nach vier Top-Ten-Platzierungen in den ersten fünf Jahren scheiterte Australien 2021 erstmals im Halbfinale.

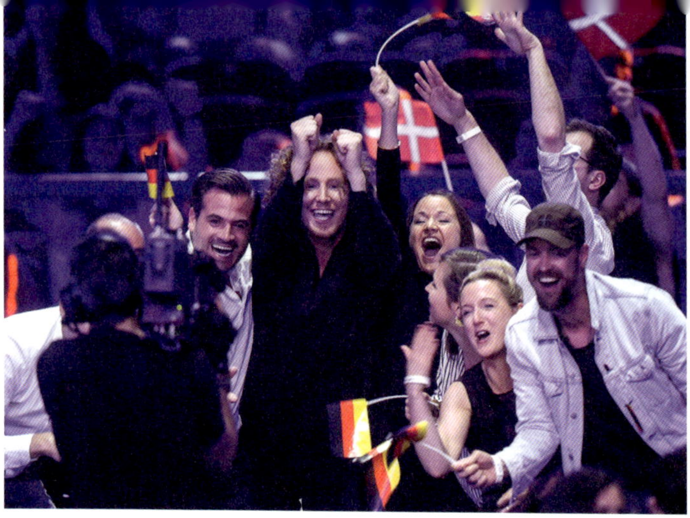

Michael Schulte

Nach 2012 ließen die deutschen Ergebnisse beim Eurovision Song Contest sehr zu wünschen übrig. Cascada hatten eigentlich Fans im Ausland, da wäre mehr drin gewesen als ein 21. Platz – wenn ihr „Glorious" nicht so viele an den Vorjahressieger „Euphoria" erinnert hätte. Elaiza hatten als Nachwuchsband beim Vorentscheid Unheilig und Santiano geschlagen, aber dieser Underdog-Effekt zählte beim ESC nichts mehr: Platz 18. Ann Sophies Auftritt in Wien wurde überall anmoderiert mit den Worten, dass sie eigentlich Zweitplatzierte im Vorentscheid gewesen war, da hätte sie für Platz 27 gar nicht mehr auftreten müssen. Jamie-Lee gewann einen hastig anberaumten Vorentscheid, nachdem die eigentliche Wahl des NDR, der ehemalige Popstar und heutige Verschwörungsmythiker Xavier Naidoo, einen Sturm der Empörung ausgelöst hatte: wieder Letzter, diesmal auf der 26. Und Levina? Gut, ehrlich gesagt, gehen einem irgendwann die Begründungen aus, warum es schon wieder nicht geklappt hat.

2018 sollte also mal wieder alles besser werden. Der NDR hatte ein „Eurovisions-Panel" zusammenstellen lassen, dessen 100 Mitglieder in der Vergangenheit einen ähnlichen Geschmack gezeigt hatten wie das europäische Gesamtpublikum. Hinzu kam eine internationale Jury mit Leuten, die in ihrer Heimat schon einmal in einer nationalen Jury gesessen hatten. Und das Publikum durfte auch noch abstimmen.

Den Aufwand hätte man sich sparen können, unkten Kritiker hinterher, denn alle drei Gruppen stimmten für den gleichen Song. Sehr gut, sagten die Leute, die sich das alles ausgedacht hatten: Wenn sich alle einig sind, sollte das doch auch beim Song Contest in Lissabon funktionieren.

Die einstimmige Wahl war auf „You Let Me Walk Alone" gefallen, eine anrührende Ballade mit einer erhebenden, aber nicht zu dramatischen Steigerung im Schlussteil. Es war ein sehr persönliches Lied für Michael Schulte, den 28-jährigen Norddeutschen mit roten Locken, handelt es doch von seinem Vater, der starb, als Michael 14 Jahre alt war.

Lissabon war mein sechster Song Contest in der Kommentatorenkabine, aber zum ersten Mal sprachen die Kolleg*innen aus den anderen Ländern Peter Urban und mich von sich aus auf den deutschen Beitrag an: Der sei ja toll! Das war neu und es stimmte mich optimistischer als die Wettquoten.

Michael Schulte war zu diesem Zeitpunkt in Deutschland nicht völlig unbekannt, aber er war auch noch davon entfernt, ein Star zu sein: Erste Aufmerksamkeit hatte er mit Coverversionen auf YouTube erregt und 2012 wurde er Dritter bei „The Voice of Germany".

Die Stimmung in der Kommentatorenlounge hatte uns nicht getäuscht. Bei der Punktevergabe war die niederländische Jury als Fünftes an der Reihe, ihre Punkte zu vergeben, und wir hörten zum ersten Mal seit Lenas Sieg in Oslo die magischen Worte: „Germany: twelve points". Ab diesem Moment hatte Deutschland schon mehr Punkte auf dem Konto (24), als in den vorherigen drei Jahren zusammen. Michael bekam weitere „twelve points" von den Jurys aus Dänemark, Norwegen und der Schweiz, insgesamt 204 von den Jurys und weitere 136 Punkte vom Publikum. Am Ende wurde er Vierter.

Let's get happy and let's be gay

Zwischen all den Fahnen der Teilnehmerländer, die während der Liveshows geschwenkt werden, gibt es auch jedes Jahr welche, die zu keiner Nation gehören, aber zum ESC: die Regenbogenflagge, seit über 40 Jahren Symbol der LGBTQIA+-Community.

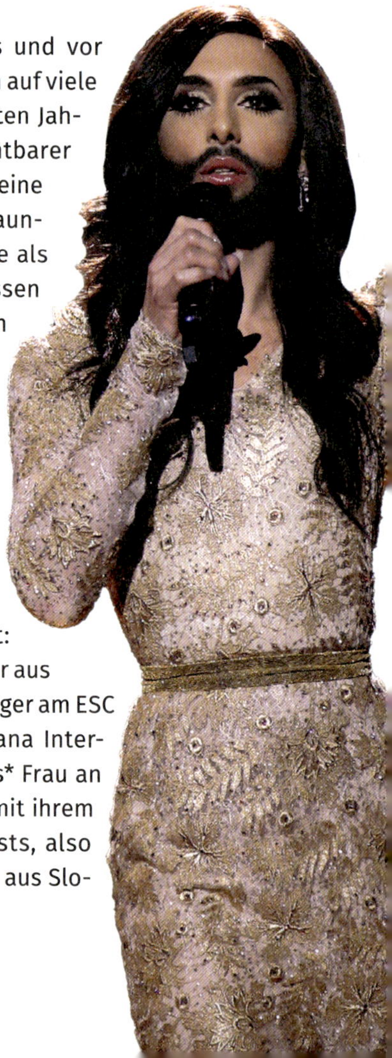

In den Fanclubs, auf ESC-Partys und vor allem im Pressezentrum trifft man auf viele schwule Männer, erst in den letzten Jahren sind die queeren Frauen sichtbarer geworden. Fast alle erzählen sie eine Erweckungsgeschichte von erstaunlicher Deckungsgleichheit: Wie sie als Jungen vor dem Fernseher gesessen und eine unerklärliche Faszination entwickelt hätten für diese bizarre Veranstaltung. Wie der Song Contest ein Fenster in eine andere, buntere Welt gewesen sei und ihnen gezeigt habe, dass man anders sein kann.

War der Song Contest schon lange ein queeres Event, so feierte er 1998 sein großes Coming Out: Nur ein Jahr, nachdem mit Pal Oscar aus Island der erste offen schwule Sänger am ESC teilgenommen hatte, ging mit Dana International aus Israel die erste trans* Frau an den Start – und gewann prompt mit ihrem Loblied auf die „Diva". Drag-Artists, also Männer in Frauenkleidern, kamen aus Slo-

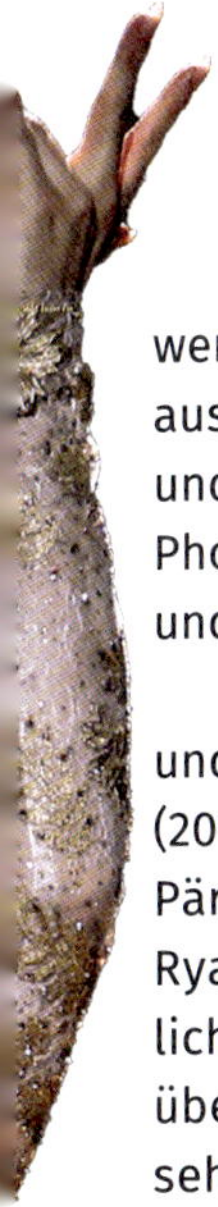

wenien (Sestre, Platz 13, 2002), Dänemark (DQ, 2007 im Halbfinale ausgeschieden), der Ukraine (Verka Serduchka, Platz 2, 2007) und Österreich (Conchita Wurst, Platz 1, 2014), deren „Rise Like A Phoenix" die perfekte Hymne für den Aufstieg der Geschmähten und Ausgegrenzten war.

Waren die „lesbischen" Küsse von t.A.T.u. (Russland, 2003) und der Finnin Krista Siegfrids mit ihrer Background-Sängerin (2013) noch als provokative Gesten zu sehen, war das schwule Pärchen, das 2018 händchenhaltend zum irischen Beitrag von Ryan O'Shaughnessy über die Bühne tanzte, betont nebensächlich inszeniert. Dass es das erste gleichgeschlechtliche Paar überhaupt auf der ESC-Bühne war; dass das chinesische Fernsehen den Auftritt zensierte (und deswegen von der EBU die Übertragungsrechte entzogen bekam), zeigt allerdings, dass die Repräsentation und Akzeptanz von Homosexuellen auch heute noch alles andere als eine Selbstverständlichkeit sind.

Acts aus dem LGBTQIA+-Spektrum sind in den letzten Jahren beim ESC sehr präsent geworden, sie werden von den Fans und zahlreichen Offiziellen der Eurovisionsfamilie mit offenen Armen empfangen. Anders als 1961, als der Franzose Jean-Claude Pascal für Luxemburg den melancholischen Chanson „Nous les amoureux" („Wir, die Liebenden") sang, in dem die titelgebenden Liebenden von „ihnen", den „Idioten und Bösen", auseinandergebracht werden sollen: „Sie sind tausend und wir sind zwei". Das Lied gewann den Grand Prix in Cannes und vermutlich wird sich kaum jemand vor dem Fernseher gedacht haben, dass es sich bei den beiden Liebenden um zwei Männer handeln könnte. In einer Zeit, in der Homosexualität in erheblichen Teilen Europas noch strafbar war, hatten Pascal und sein Texter Maurice Vidalin das ahnungslose Publikum mit einer schwulen Liebesgeschichte, die nicht sein durfte, gerührt.

ESC – der Film

Eine Veranstaltung, bei der Nationen gegeneinander ansingen und das auch noch erstaunlich ernst meinen – kann es so etwas wirklich geben? Das amerikanische Publikum, das im Juni 2020 eigentlich nur den neuesten Film mit Will Ferrell gucken wollte, wird sich einige Fragen gestellt haben, war der Song Contest in den Vereinigten Staaten bisher doch eher unbekannt.

Aber Ferrell, der mit einer Schwedin verheiratet ist, hatte nach seinem Erstkontakt mit dieser absurden Veranstaltung Gefallen an ihr gefunden und sich zum Ziel gesetzt, dem ESC ein Spielfilm-Denkmal zu setzen. Und so schrieb er mit Andrew Steele das Drehbuch für „Eurovision Song Contest – The Story of Fire Saga" und überzeugte die EBU von einer außergewöhnlichen Zusammenarbeit.

2018 in Lissabon schaute sich Ferrell vor Ort die Proben an. Ein Jahr später in Tel Aviv drehte die Crew dann in der echten Halle, auf der originalen Bühne.

Der Plot dieser Komödie passt auf ein Stück Goldkonfetti: Will Ferrell spielt Lars Erickssong, einen isländischen Musiker, der seit früher Kindheit (genauer: seit dem Sieg von ABBA 1974) davon träumt, den Eurovision Song Contest zu gewinnen. Sein Vater Erick (Pierce Brosnan), ein handfester isländischer Fischer, hält davon wenig und das heimische Publikum will von Lars und seiner Band Fire Saga, die im Wesentlichen aus ihm und seiner Kindheitsfreundin Sigrit (Rachel McAdams) besteht, immer nur die gleichen isländischen Trinklieder hören. Durch eine Verkettung eher unglücklicher Umstände passiert es aber, dass Fire Saga für Island am ESC teilnehmen, und dann geht es richtig los.

Streng genommen sollte es ja unmöglich sein, sich über eine Veranstaltung lustig zu machen, der mit einer sehr speziellen Mischung aus heiligem Ernst und Ironie begegnet wird. Doch es funktioniert.

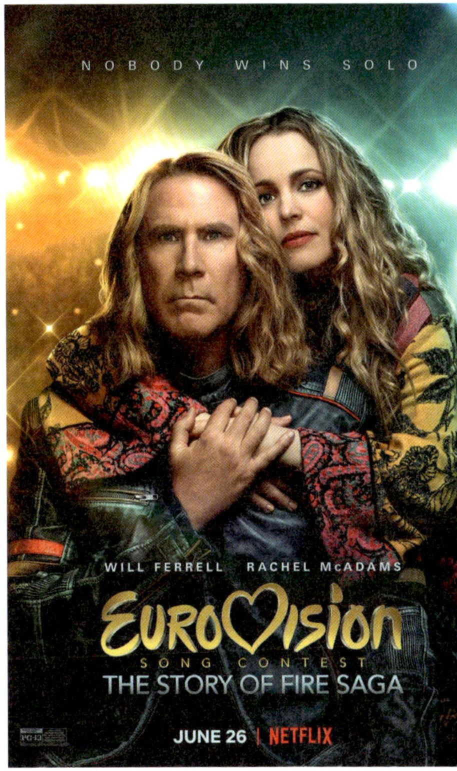

Die einzelnen Songs und Inszenierungen sind erschütternd authentisch: Von Fire Sagas „Double Trouble“ bis zum über-sexualisierten „Lion Of Love“ (Russland) ist alles exakt so beim ESC vorstellbar. Und selbst einige Sätze, die bei internen Meetings und nach den Proben fallen, sind erschütternd nah dran an dem, was man dort so hört oder selbst sagt.

Eigentlich gedacht als Begleitprogramm für den echten Song Contest, dessen Rechte Netflix für die USA erworben hat, war der Film nach der Corona-bedingten Absage des ESC 2020 ein charmanter Ersatz für jene Millionen Menschen, die sich das Event jedes Jahr anschauen.

Stars

Er galt als der „heißeste Favorit" der ESC-Geschichte: Cliff Richard, der damals größte Popstar Europas, trat im blauen Anzug und Rüschenhemd auf die Bühne, um sich mit dem Song „Congratulations" gleichsam selbst zum Sieg 1968 zu gratulieren. Er unterlag mit einem Punkt Abstand der Spanierin Massiel. 1973 kehrte Richard mit „Power to All Our Friends" zurück – und wurde Dritter. Es tat seiner Popularität keinen Abbruch: Er gilt als zweiterfolgreichster britischer Solokünstler aller Zeiten nach Elton John. Nur die Beatles und Elvis Presley haben im Vereinigten Königreich mehr Singles verkauft als er und er ist der einzige Künstler, der in acht aufeinanderfolgenden Jahrzehnten mindestens ein Album in den Top 5 hatte.

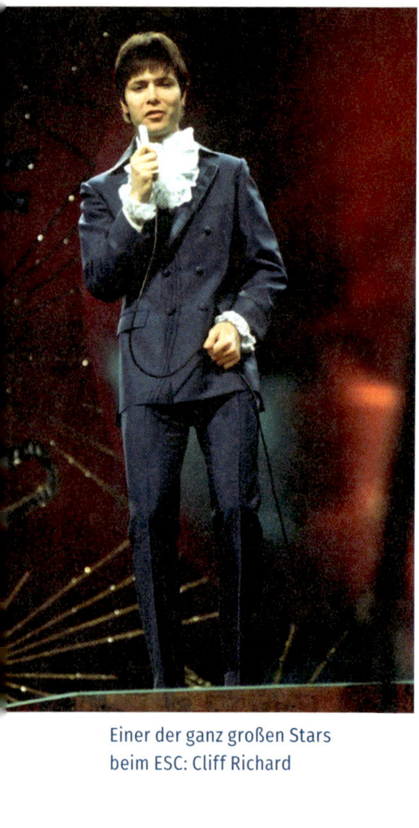

Einer der ganz großen Stars beim ESC: Cliff Richard

Solche Rekorde sind beim Song Contest eher die Ausnahme. Die Liste von Weltkarrieren, die beim ESC gestartet sind, ist relativ kurz und etwas ambivalent: Céline Dion wäre sicherlich auch ohne ihren Sieg beim Song Contest ihren Weg gegangen. Für Udo Jürgens oder Vicky Leandros war es vermutlich hilfreich, über den ESC im europäischen Ausland bekannt zu werden, aber wirklich notwendig waren ihre multiplen Teilnahmen wohl nicht. Für ABBA war es schon eher ein Vorteil, ihre

Musik einem großen Publikum außerhalb Schwedens vorstellen zu können.

Dass nur den wenigsten Teilnehmer*innen eine Weltkarriere vergönnt war, ändert nichts daran, dass in den Teilnahmelisten des Song Contests auch einige große Namen auftauchen: Dass Julio Iglesias 1970 für Spanien beim ESC antrat („Gwendolyne", Platz 4), geht bei all den Rekorden, die er im Laufe seiner Weltkarriere aufstellte, schnell unter. Dass Jürgen Drews 1976 als Teil der Les Humphries Singers auf der Bühne in Den Haag stand, wissen nicht mal alle seine Fans. Und auch Paola hatte schon eine Karriere als zweifache ESC-Teilnehmerin für die Schweiz (1969: „Bonjour, Bonjour", Platz 5; 1980: „Cinéma", Platz 4) hinter sich, bevor sie an der Seite ihres Mannes Kurt Felix durch „Verstehen Sie Spaß?" führte.

Patricia Kaas zählte in den 1980er und 90er Jahren zu den ganz großen Namen und hatte immer noch eine hohen Popularität, als sie 2009 für Frankreich mit „Et s'il fallait le faire" den achten Platz in Moskau belegte. Anders die „has beens", die das Vereinigte Königreich zwischen 2011 und 2013 ins Rennen schickte: Die ehemalige Boyband Blue hatte ihre besten Zeiten schon hinter sich, als sie in Düsseldorf mit „I Can" auf Platz elf landete; Engelbert Humperdinck, bis in die 1990er Jahre gern gesehener Gast in deutschen Samstagabendshows, war 76, als er in Baku „Love Will Set You Free" schmetterte – und damit leider Vorletzter wurde; und Bonnie Tyler hingen ihre ewigen Hits „It's A Heartache", „Total Eclipse Of The Heart" und „Holding Out For A Hero" nach, als sie in Malmö „Believe In Me" forderte und 19. wurde.

Ruhm ist natürlich immer relativ: Mit unserem, von der anglo-amerikanischen Popwelt geprägten Blick, nehmen wir Acts wie Katrina And The Waves, die 1985 mit „Walking On Sunshine" einen globalen Hit hatten und 1997 mit „Love Shine A Light" den ESC gewannen, eher wahr als Dino Merlin, der einer der erfolgreichsten Künstler in den Ländern des ehemaligen Jugoslawiens ist und 1993, 1999 und 2011 für Bosnien und Herzegowina am Song Contest teilnahm.

My Number One

Bei einem Wettbewerb, der zu einem nicht eben geringen Teil von einer absurden Liebe zu Statistiken lebt, bleibt die alles entscheidende Frage: Was ist denn jetzt der größte Eurovisions-Hit aller Zeiten?

Wie so oft in solchen Fällen gibt es darauf keine einfache Antwort. Die bisher höchste Punktzahl hat Salvador Sobral 2017 in Kiew erreicht: 758. Aber durch das veränderte Voting-Verfahren kann man ja seit 2016 doppelt so viele Punkte bekommen wie in den Jahrzehnten davor. In dieser Phase hatte Alexander Rybak 2009 in Moskau den Rekord von 387 aufgestellt. Aber da durften auch 42 Länder abstimmen, mehr als doppelt so viele wie bei Nicoles Triumph 1982.

Eine Messgröße, mit der sich die Jahrgänge einigermaßen gut vergleichen lassen, ist der Prozentsatz an maximal möglichen Punkten. Da entsprechen Rybaks 387 Punkte 78,66 % der maximal möglichen Punkte – und schon liegt Nicole mit 78,92 % vor ihm. Noch erfolgreicher als Nicoles „Ein bisschen Frieden“ sind nur die Siegertitel von 1976 (Vereinigtes Königreich: Brotherhood of Man - Save Your Kisses For Me; 80,39 %) und 1973 (Luxemburg: Anne-Marie David - Tu te reconnaîtras; 80,63 %). Allerdings exis-

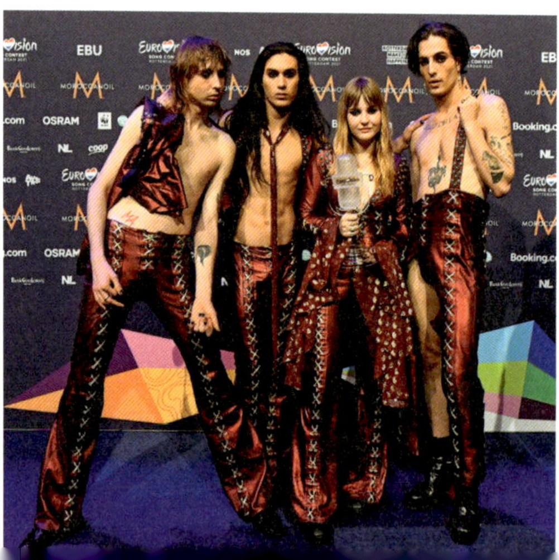

Måneskin, die Siegerband von 2021

tierte 1973 noch ein anderes Voting-Verfahren, das jedem Land mindestens zwei Punkte garantierte und bei dem die Maximalzahl nicht ausgeschöpft werden musste.

ABBA gewannen ein Jahr später in einem Modus, der so anders war, dass ihre 15 % der theoretisch möglichen Punkte auf keinen Fall damit zu vergleichen sind. Dafür gewann „Waterloo“ die Abstimmung zum beliebtesten Siegertitel der ersten 50 ESC-Jahre bei einer Jubiläumsveranstaltung 2005 in Kopenhagen.

Legt man allerdings die Verkaufszahlen zugrunde (was im Streaming-Zeitalter auch schon wieder antiquiert anmutet), ist „Save Your Kisses For Me“ der erfolgreichste ESC-Sieger.

Aber es gibt ja auch ESC-Songs, die in den Charts erfolgreich waren, ohne selbst gewonnen zu haben – von Domenico Modugnos „Nel blu dipinto di blu“ (Italien, 1958) über Cliff Richards „Congratulations“ (Vereinigtes Königreich, 1968) bis zu „The Calm After The Storm“ von den Common Linnets (Niederlande, 2014). Oder Lieder, die beim deutschen Vorentscheid scheiterten, aber viel größere Hits wurden als der schlussendliche Grand-Prix-Beitrag: Statt Joy Fleming mit „Ein Lied kann eine Brücke sein“ hätten 1975 auch Jürgen Marcus mit „Ein Lied zieht hinaus in die Welt“ oder Marianne Rosenberg mit „Er gehört zu mir“ nach Stockholm fahren können.

Der bisher letzte Siegertitel, der es an die Spitze der deutschen Singlecharts schaffte (und an die der schweizerischen, schwedischen, finnischen, norwegischen und dänischen), war „Satellite“ von Lena Meyer-Landrut (es ist gleichzeitig der letzte deutsche ESC-Beitrag, der in der Heimat auf Nr. 1 ging). Eine ganz besondere Leistung gelang allerdings Måneskin, der Siegerband von 2021: Statt mit ihrem Siegertitel „Zitti e buoni“ landete die Band mit einer vier Jahre alten Cover-Version des Four-Seasons-Titels „Beggin'“ für eine Woche auf Platz 1 in Deutschland und war für ein paar Tage der meistgespielte Song auf Spotify weltweit. Mit seiner 65. Ausgabe hatte sich der ESC eher zufällig komplett neu erfunden und ist bereit für neue Abenteuer in Turin.

Das Quiz für echte ESC-Fans

1. Wer veranstaltet seit 1956 den Eurovision Song Contest?

a) Die Europäische Union
b) Der Europarat
c) Die Europäische Rundfunkunion
d) Die UEFA

2. Mit welchem Lied gewann Udo Jürgens 1966 den ESC?

a) „Warum nur, warum?“
b) „Merci, Chérie“
c) „Sag ihr, ich laß sie grüßen“
d) „Aber bitte mit Sahne“

3. Welcher Act gewann als einziger zwei Mal den ESC?

a) Johnny Logan
b) Lys Assia
c) Dana International
d) Vicky Leandros

4. Wer schrieb Lenas Siegertitel „Satellite“?

a) Stefan Raab und Lena Meyer-Landrut
b) Ralph Siegel und Bernd Meinunger
c) Julie Frost und John Gordon
d) Benny Andersson und Björn Ulvaeus

5. Was war die Stadt mit den wenigsten Einwohner*innen, in der je ein ESC stattfand?

a) Düsseldorf, Deutschland
b) Tallin, Estland
c) Cannes, Frankreich
d) Millstreet, Irland

6. Mit wie vielen Liedern hat Ralph Siegel am Song Contest teilgenommen?

a) 24
b) 14
c) 65
d) 31

7. Welches Land hat den ESC am häufigsten gewonnen?

a) Schweden
b) Irland
c) Luxemburg
d) Italien

8. Wer ist mit 13 Jahren die jüngste ESC-Siegerin aller Zeiten?

a) Getter Jaani, Estland
b) Nicole, Deutschland
c) France Gall, Luxemburg
d) Sandra Kim, Belgien

9. Wer moderierte gemeinsam mit Stefan Raab den ESC 2011 in Düsseldorf?

a) Hape Kerkeling und Kim Fisher
b) Anke Engelke und Judith Rakers
c) Sabine Heinrich und Matthias Opdenhövel
d) Barbara Schöneberger und Jörg Pilawa

10. Wann wurden erstmals die legendären „12 Punkte“ vergeben?

a) 1956
b) 1957
c) 1975
d) 1982

11. Wer komponierte die Eurovisionsfanfare?

a) Marc-Antoine Charpentier
b) Ludwig van Beethoven
c) Hanns Eisler
d) Jean Sibelius

12. Unter welchem Titel wurde das Lied, das später als „Volare“ berühmt wurde, beim ESC vorgetragen?

a) „Zitti e buoni“
b) „Cantare“
c) „Una musica dolce suonava soltanto per me“
d) „Nel blu dipinto di blu“

13. Wann nahm Australien erstmals am ESC-Wettbewerb teil?

a) 2015 in Wien
b) 2012 in Baku
c) 2009 in Moskau
d) 2004 in Istanbul

14. Welche Ausländerin gewann 1988 den ESC für die Schweiz?

a) Vicky Leandros
b) France Gall
c) Anne-Marie David
d) Céline Dion

15. Was war der allererste ESC-Beitrag der Bundesrepublik Deutschland?

a) Walter Andreas Schwarz: „Im Wartesaal zum großen Glück“
b) Margot Hielscher: „Telefon, Telefon“
c) Freddy Quinn: „So geht das jede Nacht“
d) Ulla Wiesner: „Paradies, wo bist du?“

16. Welcher Künstler gestaltete die Plakate für den Song Contest 1969?

a) Joseph Beuys
b) Salvador Dalí
c) Andy Warhol
d) Christo

17. Mit welchem Titel belegte Katja Ebstein 1980 den 2. Platz beim ESC, die bis dahin beste deutsche Platzierung?

a) „Wunder gibt es immer wieder“
b) „Diese Welt“
c) „Theater“
d) „Ich liebe dich“

18. Welche Künstlerin trat am häufigsten beim ESC an?

a) Valentina Monetta
b) Corry Brokken
c) Gigliola Cinquetti
d) Carola Häggkvist

19. Welcher Modeschöpfer versuchte sich im Jahr 2001 am deutschen Vorentscheid?

a) Karl Lagerfeld
b) Wolfgang Joop
c) Harald Glööckler
d) Rudolph Moshammer

20. Welches Land gehörte 1969 NICHT zu den vier Siegern?

a) Spanien
b) Deutschland
c) Frankreich
d) Vereinigtes Königreich

Quiz-Lösungen

1. c
2. b
3. a
4. c
5. d
6. a
7. b
8. d
9. b
10. c
11. a
12. d
13. a
14. d
15. a
16. b
17. c
18. a
19. d
20. b

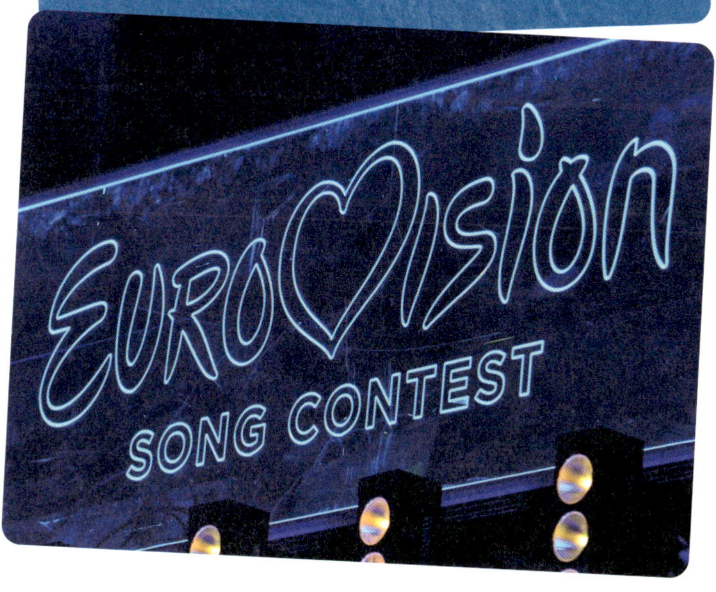

Zitate

„Die Menschen waren so glücklich, schöne Musik hören zu können, schöne Menschen sehen zu können, zu sehen: es geht wieder los. Es war ein phantastisches Gefühl."

Lys Assia, Siegerin des ersten ESC,
über die Veranstaltung 1956 in Lugano

„Vor einer Kamera zu stehen und zu wissen, dass einem 300 oder 400 Millionen Menschen zuschauen, ist eines der besten Heilmittel gegen Verstopfung. Die Leute dachten, es waren aufrichtige Gefühle in meinen Augen – es war die nackte Angst!"

Johnny Logan über seinen siegreichen Auftritt 1980

„Die Musik passte, der Text passte, das Mädchen passte: Ich wollte einfach nur ein bisschen Frieden, so wie alle anderen auch. Hört auf mich: Stoppt den Krieg."

Nicole über ihr „Ein bisschen Frieden"

„Die Amerikaner würden morden, um so einen Wettbewerb zu haben."

Terry Wogan, Kommentator der BBC von 1980 bis 2008

„Alter Finne!"

Lena Meyer-Landrut, nachdem sie mit „Satellite" den deutschen Vorentscheid 2010 gewonnen hatte

„Jedes Land bekommt den Vertreter, den es verdient."

Guildo Horn, deutscher Repräsentant 1998